中华人物故事汇

邓世昌

中华先烈人物故事汇

主编 张海鹏
副主编 赵兴胜
编著 贾国静

学习出版社

目 录

Contents

引 子 / 001

01 邓家有子 / 007

邓家有喜 / 007

少年时代 / 008

02 投身海军 / 012

学习驾船 / 012

意外挫折 / 017

03 北洋名将 / 023

调入北洋 / 023

赴英接舰 / 026

屡立战功 / 039

再次接舰 / 042

04 山雨欲来 / 046

日本崛起 / 046

日本侵朝 / 050

05 喋血丰岛 / 058

朝鲜危局 / 058

喋血丰岛 / 062

06 甲午之殇 / 070

平壤之战 / 070

黄海悲歌 / 077

07 碧波忠魂 / 096

"异类"将军 / 096

黄海鏖战 / 101

为国捐躯 / 108

08 名垂青史 / 118

极尽哀荣 / 118

家风永续 / 123

"致远"再现 / 127

引　子

邓世昌，原名永昌，字正卿，1849 年 10 月 4 日（道光二十九年八月十八）生于广东番禺县龙导尾乡，今属于广东省广州市海珠区。邓世昌出生稍晚于鸦片战争，广州又是较早遭受西方列强侵略的地区，邓世昌从小就听闻了侵略者在广州一带烧杀抢掠的罪恶行径，切身感受到了清朝积贫积弱导致的民族耻辱，所以，求学报国的志向在他心里暗暗扎下了根。

邓世昌从小聪颖好学，因为父亲邓焕庄在上海的茶叶生意颇为兴隆，所以在完成传统私塾教育后，他来到上海进入新式学校继续学习，所学课程包括英语、算术等实用学科。此时的上海租界林立，洋人耀武扬威，邓世昌备受刺激，投军报国、保家卫民的愿望日益强烈。他在 18 岁时（1867

年）考入了我国第一所近代海军学校——福州船政学堂，学堂开设有英语、天文、地舆、驾驶、绘图等课程。邓世昌系统学习了船舰驾驶相关知识与技能，由此走上了捍卫国家海疆的英雄之路。

1871年，邓世昌以优异的成绩毕业，被派往“建威”舰进行航海实习，随船远航到南洋诸岛并顺利返回，其航海素质与技能得以初步体现。此后，他先后任职于“琛航”运输船、“海东云”炮艇、“振威”炮艇等船舰，因为严于律己，经常与士兵一起生活、操练，时刻不忘保家卫国的军人职守，逐渐以干练、严明闻名于军中。特别是在1875年日本侵略我国台湾之时，他奉命扼守澎湖、基隆等要塞，巡守海口，出色地完成了所承担的军事任务。

此时，直隶总督兼北洋大臣李鸿章正在筹办北洋水师，为了加强指挥力量而有意识地延揽人才。李鸿章的幕僚马建忠慧眼识人，认为邓世昌“熟悉管驾事宜，为水师中不易得之才”，因此，邓世昌于1880年调至北洋水师，任“镇南”炮艇管带。同年7月，“镇东”“镇西”“镇南”“镇北”

四舰巡弋渤海、黄海，邓世昌所指挥的“镇南”舰不幸触礁，他沉着指挥终得脱险，不过，他最终还是因为这一事故而遭撤职。此时，北洋水师在英国订购的“超勇”“扬威”两艘巡洋舰完工，李鸿章奏请光绪皇帝，委派丁汝昌率邓世昌等赴英接收，这也为他提供了首次出国考察学习的机会。

1881 年 4 月，邓世昌随团抵达英国，他非常珍惜这次难得的良机，有意识地进行了考察，利用各种机会游历著名工业城市，亲眼目睹了机器大生产的宏伟场面。他还参观了英国海军的重要港口与基地，见识了当时世界上最强大的海军舰队。邓世昌还悉心研究英国海军的规章制度和练兵之法，为了探索其称霸世界的奥秘，也特别关注了英国海军发展史。在格林威治，参观了皇家海军学院，这里陈列着单层甲板木船、模型铁舰、三桅帆舰，回廊里悬挂着历代英国海军名将的油画像，深切感受到了皇家海军的辉煌历史与赫赫战功，他甚至还专程前往伦敦的特拉法尔加广场，瞻仰了海军名将纳尔逊的雕像。

1881 年 8 月，“超勇”“扬威”两舰从英国的纽卡斯尔港起航，开始了驶向中国的漫长航程，经北大西洋—地中海—苏伊士运河—印度洋—西太平洋一路返回，沿途各国第一次知道了中国也有海军，纷纷鸣炮致敬。航行途中，邓世昌指挥“扬威”舰，林泰曾则指挥“超勇”舰，历尽艰难波折，最终于10月15日抵达香港，经过整修，于11月22日驶抵天津大沽口。邓世昌因接舰有功被任命为“扬威”舰管带。

清政府之所以购买船舰增强海防，很大程度上是为了应对国际形势的变化。接回新购船舰不久，就派上了军事用场，1882年夏，朝鲜因为发生内乱而向清政府求助，邓世昌奉命驾“扬威”舰奋力疾驶，迅速抵达仁川的海口，比日本人先到一日——日本兵船赶到的时候，清军已经进入朝鲜的国都。邓世昌的迅捷果敢为挫败日本人的侵朝计划立下了战功，被清廷授予“勃勇巴图鲁”勇号。屋漏偏逢连夜雨，法国此时妄图侵占越南进而侵略中国，中法战争于1883年12月爆发，清朝的海防形势颇为严峻，所以邓世昌的祖父与父亲于1884年先后去世时，他未能回家服丧，留下了终生的遗憾。

1887年7月，清政府在英、德两国订购的巡洋舰“致远”“靖远”和装甲舰“经远”“来远”已然竣工，邓世昌等人被派前去接舰。“致远”舰为英国所造，舰长76.2米，排水量为2300吨，航速为18.5节。在归国途中，邓世昌不依靠洋员，将归国航行作为练兵良机，每天变换阵形并进行实战操练，提高了全舰官兵的战斗技能。1888年4月，各舰终于安全抵达天津大沽，邓世昌后来被任为“致远”舰管带。同年12月，北洋舰队正式成军，邓世昌授中军中营副将，仍充“致远”管带。1891年，李鸿章来威海检阅北洋海军，这也是《北洋海军章程》制定后的首次大检阅。因为邓世昌平时刻苦训练，所以在操练时表现出色，李鸿章对此非常高兴，奏赏他“噶尔萨巴图鲁”勇号，并赐给三代一品封典。

1894年转眼而至，日本在朝鲜半岛的丰岛海面悍然袭击清朝军队，甲午战争由此爆发，清政府于8月1日对日宣战。听到丰岛海战的消息后，邓世昌等将领义愤填膺。9月17日，丁汝昌率领舰队护送运兵船至朝鲜，中日舰队在黄海大东沟展开海战，邓世昌指挥“致远”舰官兵奋勇作战。由于旗舰“定远”舰中炮后燃起大火，形势岌岌可危，“镇远”舰与“致远”舰向前救援，在日舰的围攻之下，“致远”舰奋力还击，但很快即伤痕累累，弹药消耗殆尽，邓世昌鼓励全舰官兵道：“吾辈从军卫国，早置生死于度外，今日之事，有死而已！”指挥“致远”舰全速疾驶，撞向日本主力舰“吉野”号右舷，日本舰队集中炮火猛烈轰击，“致远”舰最终不幸沉没。邓世昌坠海之后，不愿舰亡人存，最终以身殉国，按照农历，这一天正是他的生日！

邓世昌牺牲后举国震动，光绪皇帝赐予“壮节公”谥号，追封“太子少保”，入祀京师昭忠祠，御笔亲撰祭文、碑文各一篇。威海卫百姓为邓世昌塑像建祠，予以敬仰与纪念。1996 年 12 月 28 日，中国人民解放军海军命名新式远洋综合训练舰为“世昌”舰，以示纪念。

01 邓家有子

邓家有喜

1849年10月4日，农历八月十八，广东番禺县龙导尾乡的邓家突然传出响亮的啼哭，一个男婴呱呱坠地，其父邓焕庄非常高兴，后来给孩子取名“永昌”，蕴含着生意兴隆、永远昌盛的含义，这大概是他作为一个商人最朴素的愿望吧。邓家并非名门望族，但至邓焕庄一代家境已经颇为殷实，主要从事的是茶叶买卖，这在当时的沿海是较为赚钱的生意，因为随着中外贸易的发展，茶叶早已成为西方国家的重要饮品，自然也得到了商人的青睐。

邓焕庄无意中把握住了时代机遇，他的茶叶

贸易发展顺利，生活过得相当不错，自然希望自己的生意永远兴隆，所以给新生的儿子起名“永昌”。但就时代背景来说，邓世昌出生的年代并不令人羡慕，因为此时大清王朝已经呈现颓败之势，西方殖民主义者的魔爪在全球已经伸展开来，进而伸向了中国。在鸦片战争之中，船坚炮利的英国海军取得了压倒性胜利，清政府面临的是“数千年未有之大变局”。英国的优势很大程度上在于，它已经走出了传统社会的发展轨迹，第一次工业革命的萌生与发展，使它走上了工业制造之路，英国成为世界上第一个工业化国家。

少年时代

时代是个人无法选择的，年幼的邓世昌睁开好奇的双眼之时，清朝遭受殖民侵略的历程也才刚刚开始，他的一生都将与反抗殖民侵略密不可分，甚至最终为此血染海疆，壮烈牺牲。儿时的邓世昌有些内向，但性格颇为刚毅，到了发蒙的年龄就开始在私塾学习。私塾相当于今天的小学，属于启蒙教育的性质，一般都是延请塾师来授课，开始时学习《三字经》《百家姓》和《千字文》等，打下一定基础之后即学习四书五经。邓世昌与别的孩童一起，每天诵读功课，“子不学，非所宜。幼不学，老何为。玉不琢，不成器。人不学，不知义。”“人不学，不如物。幼而学，壮而行。上致君，下泽民。扬名声，显父母。光于前，裕于后。”在墨香飘荡、琅琅书声之中，邓世昌初步领悟了做人的道理，他还勤习书法，后来终生乐此不疲，尤其喜爱黄山谷的字画，一有时间就挥毫泼墨，在书法上的造诣也足以令人称赞。

课余时间，邓世昌也时常与小伙伴玩耍，听乡里的老人讲故事，三元里抗英的英雄事迹深深感动了他。鸦片战争之时，英军窜到广州郊外，不仅抢掠财物，还打开棺椁观看死者的遗体，甚至侮辱妇女——欺辱了菜农韦绍光的妻子李喜，韦绍光等人奋力反击，三元里附近 103 乡的人们团结一心，共同对敌，将英军引到牛栏岗，恰好下起了倾盆大雨，英军的火枪受潮不能发射，无法发挥火器的威力，三元里人民手持锄头、木棍、大刀、长矛、鸟枪等简陋的武器，满怀愤恨痛击敌人！儿童妇女则站在远处观看，一边高声呐喊助威。最终英军死亡多人，三元里人民大获全胜。邓世昌对这些英勇的乡亲十分钦佩。

时光如水，邓世昌转眼已经成长为 11 岁的少年，完成了在私塾的学习，走到了人生的十字路口，如果按照传统读书人的模式，以后就可以走上科举之路了，期盼能够金榜题名，憧憬“春风得意马蹄疾，一日看尽长安花”的风光。但是，邓焕庄并不愿意让邓世昌皓首穷经求取功名，作为茶商他颇为精明强干，甚至将自家的茶庄开到了四通八达的上海，在这里更是开阔了眼界，敏锐地认识到时代已经发生变化，认为邓世昌应该通晓洋文、学习外国的科学知识。这样，邓世昌被父亲带到了上海，走上了学习新学的道路，他在新式学校不仅学习英语，而且还学习了《几何原本》《同文算子》《圆容教义》等实用课程。邓世昌敏而好学，很快他的英文就达到了能和外国人对话的水平。

在上海生活自然对这里的社会风情有所了解，他一方面领略了上海的开放与先进，另一方面也深切感受到了清朝的积贫积弱，目睹外国轮船日渐增多，外国军舰任意进出海口，这些情景深深刺痛了他的内心：“中外通商日盛，外舰来华日多，中国的弱点都被外人探知，假使中国不用西法建立海军，一旦强邻挑衅，就无法应付了！”外国人对中国的了解逐渐加深，清朝对世界的了解却十分有限，如果没有强大的海军，我们如何保障国家安全？除了用西方的方法建立近代海军之外，没有更合适的方法了！鸦片战争之时，有识之士即感慨英军“船坚炮利”，魏源指出“不悉敌势，不可以行军，不悉夷情，不可以筹远”，所以要“师夷之长技以制夷”。邓世昌作为一个少年，通过自己的观察已然认识到了这些问题，显示了其聪颖与智慧，也正是这种认识，促使他后来报考海军学堂，成为一名捍卫海疆的优秀将领！

02 投身海军

学习驾船

中国作为滨海国家，很早就有了将船舰用于战争的记录，商王武丁就曾派人乘船追捕逃亡到海上的奴隶，更为大家所熟知的是，明代郑和率领舰队七下西洋。但至鸦片战争之时，英国人凭借强大的海军轰开了中国封闭已久的大门，其“船坚炮利”让人目瞪口呆。英国共计派遣各式战舰66艘，蒸汽船不仅航速快，而且火炮射程远、威力大，战斗力极为强悍，甚至部分军舰是专门针对这场战争而制造的，比如“复仇女神”号（Nemisis），它不受风势影响，能入浅水河，清朝的帆船水师自然难以应对，落败也是无可奈何之事。

在与西方人的接触与较量中，部分中国人率先觉醒。林则徐开始翻译西方的书报，学习西方的科学技术，被誉为“开眼看世界的第一人”。思想家魏源不仅编写了《海国图志》，深入了解西方，而且提出发展近代工业的主张。姚莹编写了《康辅纪行》，研究边疆问题，同时涉及了英国、俄国等国的情况，还主张要学习西方的自然科学。在这些思想的引领下，部分中国人开始学习西方的工业技术，洋务运动由此兴起。

洋务运动以“自强”和“求富”为旗帜，中央代表人物主要为恭亲王奕䜣和文祥，地方代表人物有李鸿章、张之洞、曾国藩、左宗棠等湘淮集团，此外还有沈葆桢、刘坤一、张謇等人，他们主张学习西方的声、光、电、轮船、火车、机器、枪炮、报刊、学校等，其活动包括兴办军工厂，生产新式武器，建立新式军队，等等。在这一风潮中，闽浙总督左宗棠于 1866 年奏准在福州成立船政局，制造船舰以及火炮等军械，但数月之后他调任陕甘总督，沈葆桢接替工作，出任马尾船政大臣。

沈葆桢并非泛泛之辈，他是一代名臣林则徐的外甥。沈葆桢自幼非常聪颖，在父母的教育下努力学习，博学而多才，他还是林则徐书房中的常客，在这里遍览群书，和舅舅交谈时也对“洋务”有了很深的了解。林则徐对沈葆桢颇为喜爱，还将女儿林普晴嫁给他，二人亲上加亲。左宗棠对沈葆桢也十分欣赏，所以在调任陕甘总督之前，向朝廷大力推荐由沈葆桢来接手船政。这样，沈葆桢于1867年接替左宗棠。他深知制造轮船、驾驶轮船都离不开人才培养，所以还专门开设了“前学堂”与“后学堂”，分别培养制造人才与驾驶人才。

先行者往往是孤独的，即便鸦片战争也没能根本改变中国社会发展的惯性，当时很多人仍醉心于科举考试，一心求取功名，不屑于学习科学技术与军事技能。福州船政学堂首次招生时，要求并不算严格，只要资质聪颖、粗通文字，年龄在16岁以下就可以报考，即便这样，在福建也只招到了严宗光、罗丰禄、林泰曾、刘步蟾、方伯谦、林永升、黄建勋、蒋超英等人，未能完成招生指标，只好再次招生，不仅放宽了年龄限制而且招生地域也大为扩展，广东、香港也被包括在内——邓世昌即广东人，招生范围的变化无意中开启了邓世昌成长为海军将领的大门。

邓世昌了解到船政学堂的招生信息，知道自己完全符合条件，心中非常高兴，所以禀告父亲邓焕庄，希望他允许自己报考。邓焕庄作为眼界开阔的茶叶商人，早已认识到发展实业的重要性，他让邓世昌进入新式学堂学习英语以及科学知识，就是为了把他培养成实用人才，所以，当邓世昌提出报考船政学堂时，父亲邓焕庄给以大力支持，邓世昌随即非常兴奋地返回广东，参加了考试。前文已经提到，邓世昌在上海时求学于新式学校，已经具备了较好的英语基础，学习了多种科学知识，而这恰是福州船政学堂所要求的，所以，他最终以优异的成绩被录取。1867 年，邓世昌时年 18 岁（19 虚岁），风华正茂的他如愿以偿，迈入了福州船政学堂的大门，成为驾驶专业的一名学生。他之所以选取驾驶专业，可能也和具备英语基础有关，因为福州船政学堂分为“前学堂”和“后学堂”，“前学堂”又称“法文学堂”，主要学习法语、轮船设计、船舶制造，“后学堂”又称“英文学堂”，主要学习英语与轮船驾驶，拥有英语基础的邓世昌学习驾驶显然更具优势。

邓世昌在“后学堂”继续学习英语与科学知识，包括英文、算术、几何、代数、解析几何、割维、平三角、弧三角、水重学、电磁学、光学、音学、热学、化学、地质学、天文学、航海术等多种实用课程，他对待学业非常认真，学习非常刻苦。春去秋来，寒暑几度，邓世昌已经系统掌握了航海知识与技能，达到了毕业的要求，随后于 1871 年顺利毕业。按照安排，邓世昌来到“建威”舰进行远洋实习，在教习的指导下，他和其他学员兴奋地一起扬帆起航，他们劈波斩浪疾驶于碧波之中，绕过岛屿，穿过海峡，先后到达了厦门、香港等地，还远航至南洋的新加坡、槟榔屿。邓世昌非常珍惜这次实习的机会，尽可能把所学知识用于实践，在 4 个月的远洋航行中，他与同学们一丝不苟地进行观测，科学合理地进行驾驶，认认真真地填写航海日志，不仅锻炼了实际驾驶技能，更显示了沉着冷静的优秀素质。邓世昌在各个方面都表现良好，沈葆桢看在眼里，给以高度评价，认为他是船政学堂中“最伶俐的青年”之一。就在邓世昌完成实习后不久，由于国际形势的风云变幻，他很快就奉命承担起了保家卫国的任务。

意外挫折

19 世纪六七十年代，日本已经悄然崛起，对外侵略的欲望十分强烈，不断寻觅时机制造事端，终于找到了“合适”的理由。1871 年 12 月，60 多名琉球人乘船航行，途中不幸遭遇台风，最终漂流到台湾南部并由此登陆，与台湾“生番”发生冲突，50 余人当场丧命。琉球自明代初年即为中国的藩属国，台湾更是中国领土不可分割的一部分，这场意外冲突与日本毫无关联，但自明代后期日本通过各种手段蚕食鲸吞，不断加大对琉球的影响与控制，明治维新之后，更是擅自册封琉球国王尚泰为琉球藩的“藩王”。这次事件的发生使日本人觉得机会难得，所以精心准备与筹划，乘机发难。1873年11月，日本政府派外务卿副岛种臣出使中国，随员柳原前光特意前往总理衙门，询问琉球漂流民被杀之事。总理衙门认为：琉球与台湾都在清政府治理之下，这一事件与日本毫无关系，而且台湾“生番”为化外之民，所以无法进行治罪。柳原前光咬定琉球为日本国土，台湾“生番”杀死了琉球人，日本必须给以关注。1874年4月，日本组织了约3000人的所谓“台湾生番探险队”，强行在台湾的琅峤登陆，悍然发动了侵略战争。

清政府得知消息，一方面通过外交途径向日本政府提出质问，一方面派沈葆桢率军赴台，抗击日军。邓世昌作为福州船政学堂的优秀毕业生，而且又为沈葆桢所赏识，此时已经担任了“海东云”炮舰管带，他奉命跟随沈葆桢奔赴台湾，主要负责巡守海口的任务。邓世昌深知责任重大，每日兢兢业业，不敢有丝毫懈怠。由于邓世昌能够出色地执行军事任务，所以得以荣升千总。沈葆桢一面采取军事应对手段，一面进行商谈与交涉，加上台湾气候炎热，日军水土不服，疟疾在军中流行起来，战斗力已经明显减弱，日本人也只好通过外交手段解决争端。几经交锋，两国政府于10月31日签订了《台湾事件专约》，清政府付给日本抚恤银10万两，补偿日军在台修道建房等费用40万两。此后，日军于12月20日从台湾全部撤走。跟随沈葆桢前往台湾，为邓世昌首次正式参与对外军事行动，而且因为军功得以升职。

不过，随后邓世昌就遇到了人生中的一个巨大挫折——他未能入选留学英国的名单，从而失去了留学机会。福州船政学堂本身为洋务运动的产物，它要学习借鉴西方近代工业、近代军事的经验与技术，"前学堂""后学堂"都聘请了洋教习授课，而且还非常重视外语学习，目的就在于培养新式人才，沈葆桢的眼光非常长远，还要把优秀学员送到西方留学，进一步深造，所以早在1873年年底就上奏清廷："前学堂习法国语言文字者，当选其学生之天资聪颖、学有根底者，仍赴法国深究其造船之方，及其推陈出新之理。后学堂学习英国语言文字者，当选其有根底者，仍赴英国深究其驶船之方，及其练兵制胜之理。速则3年，迟则5年，必事半而功倍”。也就是请朝廷派遣学生赴英、法留学，为国家培养高素质的实用人才，北洋大臣李鸿章给以赞同，总理衙门也认为此举可行，选拔学生留学的事宜逐渐提上日程。

1875年，福州船政局的法籍监督日意格奉命回国购买机器，借着他回国的便利，船政学堂的数名毕业生跟随前往英、法两国，驾驶专业的学生刘步蟾、林泰曾在英国海军学校学习1年，然后随日意格一同返回，制造专业的学生魏瀚和陈兆翱还需要继续学习，所以仍留在了法国的造船厂。1876年夏，李鸿章前往烟台就“马嘉理案”与英国代表谈判，注意到英国军舰上有日本青年军官随舰训练，他敏感地意识到，清朝也必须派遣海军留学生出国学习，所以，清廷正式决定从福州船政学堂选拔人才，派遣到英法学习造船和驾驶，留学年限定为3年。经过选拔，第一批有30人入选，1877年3月31日，留学监督日意格（洋监督）和李凤苞（华监督）率领学生出发，从福州乘船前往欧洲。刘步蟾等6人在英国军舰训练与实习，严复等6人则进入位于格林威治的皇家海军学院学习，另外18名学生加上两年前抵法的魏瀚和陈兆翱在法国留学，主要学习船舰制造。非常遗憾的是，邓世昌并不在留学名单之中。

邓世昌未能获得留学机会，确实有些难以理解，因为沈葆桢曾经评价他是船政学堂中“最伶俐的青年”之一，而且毕业后奔赴台湾抗击日军立有战功，按照常理，他完全具备留学资格，但结果并非如此。尽管沈葆桢对邓世昌很是赏识，但这时已经升任两江总督兼南洋通商大臣，丁日昌早已接管了福州船政局，李凤苞则具体负责留学事宜。邓世昌未能入选的原因人们并不清楚，也没有可靠的材料能够说明，有人猜测可能和他的籍贯为广东有关：福州船政学堂设在福州，自然与福建产生了千丝万缕的联系，而且大部分学员也是福建本地人，讲的是闽南话，邓世昌的籍贯为广东，他讲的是粤语，这在乡土观念十分严重的传统社会，自然与很多福建籍同学有些隔阂。这一猜测并非空穴来风，在1877年首批留英海军学员名单中，后来成长起了一批将领，刘步蟾、林泰曾、叶祖珪、林永升、方伯谦等等，其籍贯清一色都是福建，这恐怕不能完全视为巧合。

邓世昌未能获得留学机会，是否感到失望甚至沮丧，没有留下相关材料，我们能够知道的是，他更多地被安排到了执行军事任务之中。因为“海东云”炮艇吨位较小，排水量仅为350吨，航速也只有8节，而且火力较弱，邓世昌显示出的素质能够担负起更重要的任务，所以在1878年2月，他改任“振威”号炮舰管带并代理“扬武”快船管驾，“振威”号的排水量为572.5吨，航速也快于“海东云”号。邓世昌奉命指挥战舰扼守澎湖、基隆等要塞，将所学航海作战知识应用于军事实践，在执行任务中不断成长，日益成为冉冉升起的海军之星。

03 北洋名将

调入北洋

1874 年日本派兵侵略台湾，虽然其侵占企图最终未能得逞，但清政府为息事宁人，付 50 万两白银让日本退兵，默认琉球人是日本属民。这一做法的影响非常恶劣，英国人李欧尔卡克在传记中认为：外国人认为台湾事件是中国“向全世界登出广告，说这里有个愿意付款但不愿意战争的富有帝国”。日本人更是尝到了侵略的甜头，验证了清朝统治者反抗侵略的意志极不坚定，磨刀霍霍，准备进一步加紧侵略，而且日本当时就已经装备了铁甲舰，防御力强、火力强大，这对清朝造成巨大威胁，清廷中的有识之士认识到，必须建设更为强大的海军，否则将难以应对。

11月5日，总理衙门大臣奕䜣等人呈上切筹海防的奏折，提出了练兵、简器、造船、筹饷、用人、持久等6条“紧要机宜”，拉开了第一次海防之议的序幕，议论的焦点就是如何布置海防和应否订购铁甲舰。大学士文祥认为“倭人习惯食言，此番退兵，即无中变，不能保其必无后患”，他把防日与购铁甲舰摆到了重要位置。直隶总督李鸿章认为，中国已面临“数千年来未有之变局”，建议从英国订造兵船及铁甲船，并派中国学生学习船舰制造与驾驶。沈葆桢与左宗棠也认为，置办铁甲船十分必要。经过多次的争论与商议，清政府决心加快建设海军，光绪帝于1875年5月发布上谕，任命李鸿章、沈葆桢二人分别督办北洋、南洋海防事宜。

被后世誉为晚清重臣的李鸿章担起了筹建北洋水师的重任，在他的筹划与主持下，北洋海军日渐壮大起来。自1875年起，由李鸿章主持购买的炮舰“龙骧”“虎威”“飞霆”“策电”“镇东”“镇西”“镇南”“镇北”“镇中”“镇边”等先后抵华，壮大了清朝水师的实力，其中大部分炮船被纳入北洋体系。李鸿章对北洋水师的实力并不满意，从 19 世纪 80 年代开始，他认识到海军舰船的发展日益呈现大型化趋向，北洋水师需要快速跟进，所以清朝又订购了一批大型军舰，北洋水师日益成型。

李鸿章筹建北洋水师不仅竭力购置舰艇，更需要延揽得力的人才。英勇善战的丁汝昌赋闲在家，后来前来投奔，李鸿章奏准朝廷将他留下，成为得力干将。李鸿章不仅“守株待兔”而且还主动出击，委派亲信幕僚马建忠广揽人才。马建忠堪称近代史上的传奇人物，曾经就读于中西学并重的天主教耶稣会徐汇公学，1860 年英法联军攻占北京并火烧圆明园，深深刺激了年轻的马建忠，他如醉如痴地搜集并研读西学书籍，终于成长为一名学贯中西的新式人才，后来被李鸿章派往法国学习国际法，随船政学堂学生前往欧洲深造，学成归国之后仍作为李鸿章的幕僚，深受其信赖与倚重。马建忠学贯中西，在选取人才方面讲求实际，来到福州船政局之后，亲自到邓世昌所带的“飞霆”炮艇上进行查看，看到船舰操作井然有序，对邓世昌的军事才能颇为赞赏，决定将其延揽至北洋水师。随后，马建忠向李鸿章大力推荐，认为邓世昌是“水师中不可多得之才”，李鸿章欣然同意。这样，在1880年夏天的时候，邓世昌被调至北洋舰队，随后担任了“镇南”号炮舰管带。

赴英接舰

此时，北洋舰队还处在建设过程中，不断新购船舰，至1880年年底，在英国订购的“扬威”号、“超勇”号巡洋舰即可以投入使用，清政府需要派人前去接舰。早在10月7日，李鸿章已经奏请清廷，从训练的练勇中挑选了4名官弁、306名水勇，交给丁汝昌与洋员葛雷森进行训练，准备赴英完成接舰任务。经过刻苦操练与精心准备，丁汝昌、葛雷森等人于12月23日先行出发，邓世昌与林泰曾等率接舰部队于27日出发，乘船奔赴英国。承担接舰任务，使邓世昌第一次有机会实际了解英国，认真考察英国皇家海军。

邓世昌等人前往英国之时，正是维多利亚女王统治时期，这位著名的女王1837年6月20日至1901年1月22日在位。此时英国正如日中天，繁荣与强盛冠绝全球，人们通常称为“维多利亚时代”。按照经济总量计算，大英帝国的GDP达到全球的70%，其殖民地横跨全球，面积为令人震惊的3600万平方公里，无论任何时间都有阳光照耀在它的领土之上，所以人们称之为“日不落帝国”。屹立于世界之巅的英国傲视全球，英国人非常自豪，经济学家杰文斯曾这样进行描述：“北美和俄国的平原是我们的玉米地；加拿大和波罗的海是我们的林区；澳大利亚有我们的牧羊场；秘鲁送来白银，南非和澳大利亚的黄金流向伦敦；印度人和中国人为我们种植茶叶，我们的咖啡、甘蔗和香料种植园遍布东印度群岛。我们的棉花长期以来栽培在美国南部，现已扩展到地球每个温暖地区。”

英国人能够建立庞大的帝国，其根基在于它强大的工业能力，此时，它的工业生产超过了世界其他各国的总和。为了显示工业革命后英国人取得的伟大成就，英国曾于1851举办了第一次具有世界意义的博览会，时间为5月1日至10月15日，一时之间在全世界引起轰动，很多人慕名而来，一共吸引了600多万人前去参观。博览会的地点在英国专门为此建设的水晶宫，这座建筑本身堪称工业革命造就的奇迹。水晶宫由约瑟夫·帕克斯顿设计，他天马行空一般打破了以往的建筑设计，抛弃了传统的砖块、石头等建筑材料，而是以坚固的钢铁为骨架，以透明的玻璃为主体，建成了前所未有的巨大玻璃屋，远远看去，亮光闪闪，如同美丽的水晶一样，所以人们称之为“水晶宫”。根据测量，水晶宫长约563米，宽约138米，但这样的巨型建筑并未花费太长时间进行建造，从地基奠基到建筑竣工仅费时9个月，展示了英国令人惊叹的工业实力。

英国拥有冠绝全球的工业能力，船舰制造自然也是强项，英国皇家海军纵横四海，一方面是因为训练有素、作战经验丰富，一方面也是因为“船坚炮利”、技术先进。邓世昌等人这次要接的“扬威”号、“超勇”号巡洋舰，是由著名的阿姆斯特朗公司制造：舰长 64 米、宽 9.75 米，排水量为 1350 吨，设计时速 16 海里，装有 254 毫米“阿姆斯特朗”MK1 主炮两门，射速为 2.5 分钟 1 发，最大射程 1.2 万米，有效射程 8000 米，还装有 119.38 毫米“阿姆斯特朗”副炮 4 门，射速约 1.5 分钟 1 发。两舰均具有较强的战斗力，清朝海关总税务司英国人赫德认为：“这种军舰将被证明比其他各种巡洋舰优越，对中国已经购买的蚊子船将起到重要的补充作用。”

1881 年 3 月 24 日，丁汝昌等人首批抵达英国伦敦，很快就奔赴位于纽卡斯尔的阿姆斯特朗公司，亲自监督了“超勇”“扬威”二舰进行试炮，丁汝昌等人非常满意。随后，丁汝昌等前往伦敦，进行了一系列外交活动，维多利亚女王亲自予以接见，其中非常重要的实质性活动为拜访英国海军部，不仅和海军上将凯古柏、海军部总工程师斯图尔特、军舰设计家巴纳贝进行会谈，而且参观了新式战舰的模型和图纸，这也是中英两国历史上首次举行高级海军军官交流。与此同时，邓世昌等人

乘坐“海琛”号轮船第二批抵达，来到了伦敦。清朝海军在伦敦进行访问引发了社会关注，因为两国之间虽然贸易频繁，鸦片战争时兵戈相见，但极少有中国人能到达英国，更不用说这种较大规模的访问，很多英国人第一次看到来自古老中国的海军，各家报纸也纷纷报道，一时成为热点新闻。

因为归国的时间比较紧迫，所以接舰官兵两天后（4月24日）就到达了纽卡斯尔，为驾驶操作军舰做最后的准备，他们在阿姆斯特朗公司对面的小岛上开始接受紧张的培训。这批来自遥远中国的海军勤奋好学，给英国海军界留下了极为深刻的印象，打消了他们心中的疑虑，认为中国人完全可以驾驶船舰顺利返航。7月14、15日，在中方的监督之下，“超勇”与“扬威”两舰再次进行了航速和武器测试，完全符合原定的设计要求，然后又进行了最后一次检修，终于大功告成。8月2日，丁汝昌率海军官兵登舰接收。

次日凌晨，中国驻英公使曾纪泽在海军留学生监督日意格的陪同下，风尘仆仆地从伦敦乘火车抵达纽卡斯尔，郑重地参加接舰仪式，在鼓乐齐鸣的隆重气氛中，曾纪泽亲手将龙旗升上“超勇”“扬威”的桅杆，二舰礼炮齐鸣，震耳欲聋，现场一片欢腾，英国海军部总工程师斯图尔特、阿姆斯特朗公司的员工、家眷及附近的居民也一片欢呼，这一珍贵的历史时刻成了很多人美好的回忆。又经过短暂的准备，8 月 17 日清晨，丁汝昌乘坐“超勇”舰，“扬威”舰紧随在后面，缓缓驶出港口，终于开始返航。

清朝海军在英国停留期间，不仅举行了很多政治与外交活动，也为英国民众提供了了解中国人的机会。出于对古老中国的好奇，清朝海军受到了当地民众的热烈欢迎，男女老少纷纷到中国船舰“海琛”号上进行参观，甚至热情地与海军士兵互赠礼物。4 月 16 日，有一英国家庭共计 13 位聋哑人到来，清朝海军中有士兵略通哑语，努力地给他们沟通介绍，对方十分感动，留下照片作为礼物相赠。随行文案池仲祐还受一个英国家庭的邀请，前去登门拜访，这家人了解到他喜好音乐，身着淡红色的妹妹意腻（Annie Fenwick）抚琴，姐姐则随着吟唱，一曲终了余音绕梁。池仲祐后来与两姐妹经常一起游玩，还书信往来、互赠礼物，甚至家中的鹦鹉也学会了池仲祐的名字。临近回国之时，池仲祐还拜托意腻照顾中国水兵的坟墓，因为袁培福、顾世忠两人不幸在英去世，埋葬在了当地的圣约翰公墓，他们的墓碑与当地人的方向不同，而是东望大海，永远眺望着遥远的东方。善良的英国姑娘也履行了自己的承诺，在中国水兵墓前栽种了黄色的花——它的含义是“给那些永远不能还乡的人”。

自8月17日清晨返航，丁汝昌率邓世昌等人驶入茫茫大海，北洋将士远洋航行的经验并不丰富，漫长的航程是一大考验，他们于22日通过了直布罗陀海峡，进入地中海后两舰不幸失散，“超勇”驶抵赛得港后只能停留等待，原来“扬威”号因为燃煤用尽，不得不在海上随意漂流，历尽波折才于9月5日到达赛得港，两舰得以重新会合。经过短暂的补充与休整，两舰再次出发，驶出苏伊士运河后，“扬威”号不幸再遭不测，螺旋桨被礁石碰坏，经过紧张的修理后再次启程。10月1日抵达加勒，10月8日到达新加坡，10月

15 日抵达香港，在这里又进行了休整，10 月 18 日到达广州外江口，11 月 22 日，“超勇”“扬威”两舰终于抵达大沽口，加入了正在创建中的北洋水师。

从英国一路驶来，“超勇”“扬威”经历了漫长的路途，当龙旗飘扬的军舰经过时，许多国家才知道这是清朝的海军，纷纷鸣炮给以祝贺。这是大清王朝的龙旗第一次在军舰上飘扬海外，居住于沿途国家的华侨听闻消息，奔走相告，争相到海边观望祖国的海军，激动得热泪盈眶，认为这是“百年未有之光荣！”虽然航程充满波折，但这毕竟是中国海军走向世界的第一步，这一页永远镌刻在了中国海军的史册上。

接收军舰的任务顺利完成，清廷对接舰人员进行了褒奖，林泰曾、邓世昌分别担任了“超勇”“扬威”两舰的管带。对邓世昌来说，最重要的可能并不是担任管带，而在接舰过程本身！此前，邓世昌没能获得留学资格，所以没有机会深入了解西方国家的发展，更谈不上军事方面的考察，这次接舰使他得偿夙愿。当邓世昌等人乘

“海琛”号将要抵达英国的时候，看到巨大的船舰驰骋于波涛之间，很直观地感受到了海上强国的实力。在英国停留的这段时间，邓世昌随众人参观了著名的格林威治皇家海军学院，留下了终生难忘的珍贵经历。

格林威治皇家海军学院坐落在伦敦郊外的格林威治，距离人们熟悉的格林威治天文台不远。这里本来是都铎王朝时期的宫殿之一，亨利八世与伊丽莎白一世都在这里出生，后来逐渐作为了军事用途，改为海军老兵、伤兵疗养院，至 19 世纪 70 年代又改为海军学院，成为了培养海军人才的摇篮。在格林威治皇家海军学院中，悬挂着英国海军将领的画像与海战图，这里还陈列着数百年来英国船舰的模型，充分展示了英国海军的光辉历史与辉煌战绩。特别值得一提的是，著名海军将领纳尔逊的画像也收藏在格林威治皇家海军学院之中，而且学院中的彩绘厅也是纳尔逊战死之后遗体曾经停放的地方，邓世昌甚至还前往特拉法加广场，瞻仰了高耸入云的纳尔逊纪念柱。

邓世昌如此崇敬的纳尔逊将军，被英国人誉

为“皇家海军之魂”，在世界海军史上占有重要地位。纳尔逊生于1758年9月29日，12岁时就加入了皇家海军，在随后的岁月中身经百战，1794年参与封锁土伦的战役中，右眼被弹片击中而失明，1797年7月，在进攻西属加那利群岛的特拉里夫岛时，右肘中弹而失去了整条右臂，从而成了“独眼独臂”将军，但这丝毫没有影响他的战斗意志，在1798年的尼罗河战役、1801年的哥本哈根战役等重大战役中均率军取得胜利。而在19世纪最大规模的海战特拉法加战役（1805年）中，纳尔逊不仅在战争指挥上技高一筹，而且将生死置之度外，他为了鼓舞英军的士气，穿上海军大礼服，左胸佩戴4枚勋章，亲自登上甲板指挥作战，部属劝他不要成为敌人目标时，他无所畏惧地说：“我光荣地得到勋章，我也将光荣地与它一起战死。”英国舰队最终战胜了法国与西班牙组成的联合舰队，英国海上霸主的地位得以巩固，而拿破仑被迫放弃了进攻英国本土的计划。遗憾的是，纳尔逊也为夺取胜利付出了生命代价，不幸中弹阵亡，他的遗体被埋葬在了圣保罗大教堂。

特拉法加广场正是为了纪念纳尔逊而专门修建的，广场中的纳尔逊纪念柱高达50余米，纳尔逊的铜像高高矗立，供后人瞻仰凭吊。时至今日，特拉法加广场经常有大量鸽子驻足，鸽子是和平、友谊、团结、圣洁的象征，盘旋的鸽群时常飞过蓝天，与“皇家海军之魂”的纪念柱交相辉映，战争与和平在这里携手相联，给人无限的启迪与感悟。

我们无法准确知道，32岁的邓世昌站在纳尔逊画像前是怎样的心情，在特拉法加广场又获得了怎样的启示，相信英国海军面对强大的敌人，敢于争取胜利，为了国家的崛起与兴盛，勇于付出自己的生命，这些宝贵的精神品质给了他极大的精神激励，带来巨大的心灵震撼！清朝要改变积贫积弱的局面，需要海军奋发有为，邓世昌正是要投身其中，竭尽全力捍卫国家的尊严。可以说，这次在英国接舰的经历，邓世昌极大地开阔了眼界，进一步了解了近代海军的作战之法，坚定了为国奉献的决心。

屡立战功

随着“超勇”“扬威”两艘巡洋舰的加入，北洋海军的建设前进了一步，但国际政治形势也越发恶劣：日本自在台湾制造事端之后，对外侵略的举动始终不断，邻近的朝鲜半岛首当其冲。1882年，当时为清朝藩属国的朝鲜发生了壬午兵变，京军武卫营和壮御营的士兵一年多未领到军饷，加上对由日本人训练的新式军队别技军十分反感，终于酿成哗变，大量汉城市民也加入其中，起义者焚毁日本公使馆、杀死日本官员，政权实际掌控者闵妃等人仓皇逃命。因为兵变中有日本人丧命，日本政府趁机派出“征韩军”，准备武力入侵朝鲜。清朝作为朝鲜的宗主国，决定派兵稳定朝鲜的政治局势，新近到位的“超勇”“扬威”均被派往仁川，清朝大军在汉城及周围地区迅速展开行动，稳定了局势。

在这次重要政治军事活动中，邓世昌指挥着

“扬威”号“鼓轮疾驶，迅速异常”，比日本人提前1日到达，为清军控制局势立下了功劳，所以他本人得到了朝廷所赏赐的“勃勇巴图鲁”勇号。但是，壬午兵变的平息并不意味着国际形势的和缓，而是一波未平一波又起，法国企图控制越南进而侵略中国，清政府很快又陷入了中法战争之中，邓世昌也将接受新的军事任务。

与朝鲜相似，越南也与中国山川相连、唇齿相依，此时为清朝的藩属国，但法国不断渗透，妄图完全控制越南进而侵略中国，尤其是1874年强迫越南签订《越法和平同盟条约》之后，于次年照会清政府，争取清政府对“和平”条约的承认，清政府自然不予承认，法国一步步扩大侵略，中法战争最终于1883年年底爆发，双方的角力不仅在陆地进行，同时也在海上展开。

1884年8月22日，法国政府电令舰队司令孤拔消灭中国福建水师。泊于马尾的法国舰队占有明显优势，8艘军舰排水量共计1.45万吨，福建水师尽管军舰数为11艘，但总排水量仅6500吨。8月23日下午1时56分，孤拔趁落潮之机突然发起攻击，福建海军船舰一下子遭受重创，但爱国官兵并未屈服，奋力进行还击，旗舰“扬武”号击中了法军旗舰“伏尔泰”号，法军鱼雷艇虽然击沉了“扬武”号，但随后被岸防大炮击中，“福星”号被3艘敌舰包围后，很快多处受伤，犹如一条火龙，但全舰将士舍生忘死仍发炮还击，直到弹药库不幸发生爆炸，全体将士壮烈牺牲。江面的战斗持续了约半小时，福建水师最终全军覆没，第二天上午，法舰又用重炮轰击了马尾船厂，船厂几乎损坏殆尽。马尾海战是中国近代海军创建以后进行的第一次大规模战役，结果遭遇惨败，原因主要在于统治集团未战先怯，敌人处处占有先机，福建水师的战舰也比较落后，训练与实战经验与当时世界第二海军强国存有差距。

8月26日，清政府正式对法宣战，指导战略为海上防御、陆上反攻，法军则把战火扩展到台湾，妄图攻占台湾并要挟清政府。中法战争的激烈进行虽然主要在越南与东南沿海，但与当时世界第二强国作战，清政府上下不敢懈怠，北洋水师也是严阵以待，努力巩固海防，邓世昌也投身其中。

就在邓世昌兢兢业业指挥战舰执行防卫任务时，发生了他人生中非常重大的两件事情，其祖父与父亲先后驾鹤西游。按照传统，朝廷官员在位期间，父母去世必须辞官回到祖籍，为父母守孝，武将与一般官员不同，丁忧时不解除官职，而是给假100天。但在战火已经燃起的特殊时期，邓世昌未能返乡服丧，只能强压悲痛治理军务，据说他在治军之余反复拿笔在纸上书写着什么，后来发现，原来是“不孝”二字。5年之后，邓世昌终于得以返乡探亲，家中景物一切如旧，却再也见不到父亲的身影，邓世昌悲从中来，以至于昏倒在地。身为军人，尤其是战争的特殊时期，忠孝难以两全，邓世昌顾全大局选择了“忠”，但未能尽孝的遗憾成了他的“终生大戚”。

再次接舰

中法战争结束之后，福建水师的惨败让清政

府寝食难安，而日本此时也日益崛起，痛定思痛，清政府进一步加快了购买军舰的步伐，努力打造更为强大的近代海军。至 1887 年，清政府在英、德两国订购的“致远”“靖远”“经远”“来远” 4 艘战舰已经完工，而邓世昌在当时的北洋水师中，向来以训练有素、指挥得力而闻名，加上此前他已经拥有了出国接舰的经验，所以再次被委以重任。邓世昌勇于任事，欣然接受了朝廷的差遣。完成接舰任务并不容易，因为北洋水师大部分舰艇吨位较小，难以承受大风大浪，所以训练一般都是在近海进行，很少有在蓝海之中航行的机会。

邓世昌很好地利用了第一次接舰积累的经验，很快就指挥着新购置的战舰开始返航，他不仅要努力完成任务，甚至还要加码进行训练：把接舰任务也作为难得的训练机会。接舰之后，邓世昌有意识地严格要求，把航行作为训练：有时突报火情，全舰按照发生火情训练；有时突报漏水，全舰按照发生漏水事故训练；有时突报敌情，全舰按照发生敌情或者进行防御，或者发起进攻。邓世昌要求官兵一切按照实战进行，取得了良好的训练效果。历经长途航行，“致远”“靖远”“经远”“来远”4艘战舰最终顺利返航。这样，北洋水师成为拥有铁甲舰和巡洋舰的雄武之师，实力大增。

特别值得一提的是，邓世昌在返航途中经历了一次较大的危险。在航行经过西班牙海域的时候，邓世昌和往常一样进行训练，其中一项是率士兵乘坐舢板进行操练。开始的时候，邓世昌等人非常顺利，但返回时因为风急浪高，形势变得非常吓人，汹涌的海浪扑面而来，甚至打到了舢板之上，官兵身着的衣服已经打湿。可是几经努力，舢板就是无法靠近军舰，一旦翻船，将士们就可能葬身大海。邓世昌临危不乱，他亲自冲上去把舵，借着水势迂回的势头靠近了“致远”舰侧面，最终转危为安。邓世昌的胆大艺高，可见一斑。

另外，邓世昌在返航途中还对同胞施以援手。很早之前，就有少数中国人自愿结伙出洋谋生，很多散居在东南亚地区。鸦片战争后，西方殖民主义者不仅掠夺中国的财富，还诱骗、拐掠、贩卖契约华工至世界很多地方，很多人的处境非常悲惨。邓世昌在接舰返回的时候，在直布罗陀海峡遇到被贩到那里的华工求救，他不忍心看到落难的同胞孤立无援，就让他们上船充当“锅炉工”，最终乘舰一起安全地返回了祖国的怀抱。邓世昌虽然是刚毅的将领，但绝非残酷无情之人，对自己的同胞温情满怀。

04 山雨欲来

日本崛起

如前文所述，李鸿章等人认识到形势紧迫，所以不断购置船舰。从英国和德国订购的“济远”“致远”“靖远”“经远”和“来远”铁甲巡洋舰，先后划归北洋舰队，加上1882年向德国订购的4艘新式鱼雷艇。这样到1888年，北洋舰队已经真正组建起来，它拥有铁甲船、快船、炮船、鱼雷艇，配套整齐，阵容可观，堪称一支实力强大的新型海军舰队。北洋海军的成型让李鸿章等人心里安定了很多，一旦需要，它可以用于应对国际政治局势的变化，其中非常突出的一点就是：日本通过明治维新逐渐实现了工业化，日益走上了对外侵略的道路。

熟悉世界历史的人知道，18 世纪 60 年代非同寻常。改变人类历史的工业革命日益深入发展，人类文明开始迈入工业时代的新纪元。到 19 世纪三四十年代，法、美、德等国相继完成了自身的技术革命，西方国家已然焕然一新，利用强大的技术优势走上了殖民扩张的道路。东亚国家未能免于遭受侵略，中国即遭遇了鸦片战争的炮火。中国人猛然发现世界与以往已经不同，开始走上“师夷长技以制夷”的道路。日本同样遭受了殖民者的入侵，浓烟滚滚的神秘“怪兽”突然来到，让日本社会目瞪口呆。

日本人见到的“怪兽”就是蒸汽军舰。鸦片战争之后，日本很快也遭遇殖民侵略，1853 年，美国海军将领马休 · 佩里率领军舰闯入日本，在江户湾耀武扬威，4 艘军舰为了防腐而漆着黑色柏油，燃烧着煤炭的蒸汽机喷出滚滚浓烟，4 艘军舰携带的 36 门巨炮，足以将射程内的城市夷为平地。日本人从来没有见过这么强大的钢铁怪兽，一时举国震惊，这次事件后来被称为“黑船事件”。

日本不敢抵抗，佩里登陆之后赠给幕府的礼物，是显示工业文明的火车机车模型和电报机，日本人只能回赠优质大米，他们深刻意识到了自身与西方国家的巨大差距，社会上开始流行一首狂歌：“四杯上喜选，终夜难入睡；四艘蒸汽船，惊醒太平梦！”“上喜选”为日本的名茶，正好与日文中的“蒸汽船”谐音，这首狂歌形象地刻画了“黑船事件”带来的社会震动。

佩里率领舰队闯入日本，为的是迫使日本打开国门，幕府只好同意开放口岸，允许美国往来船只在日本港口进行补给。1854年2月13日，佩里再次造访日本江户湾，双方签订了不平等的《神奈川条约》，主要规定日本必须开放下田与箱馆（今函馆市）两港口与美国通商，向遇难船只的美国船员提供援助。日本由此被迫打开了国门，延续200多年的锁国体制寿终正寝。让人值得深思的是，尽管日本人对佩里的舰队十分害怕，而且被迫签订了不平等条约，但社会各界并没有仇视佩里，所绘制的画像中彰显的是他的强大与威严，后来还专门建造了佩里登陆纪念碑。

“黑船事件”向日本人展示了西方的先进，他们认为必须要向西方学习。日本因为地处偏远，社会发展较为落后，向来有善于对外学习的特点。古代的时候学习中国，现在又把目光转向更遥远的西方，很快就组成了著名的仓岩使团，以右大臣（大致相当于副总理）仓岩具视为首，副使是木户孝允、大久保利通、伊藤博文和山口尚芳，使团中集中了很多重要人物，还携带了 60 名留学生，先后访问了欧美 12 国，包括美、英、法、比、荷、德、俄、丹麦、瑞典、意、奥、瑞士。使团并非游山玩水，而是集中力量考察各国政治、外交、法律、军事、经济、文化教育、风俗习尚各方面的情况，直到 1873 年 9 月 13 日才返回日本。基于考察的成果，明治天皇很快就颁布了系列法令，开始实施富国强兵、殖产兴业和文明开化三大政策，这就是日本历史上著名的“明治维新”。

“明治维新”是日本历史的转折点，日本人坚决地向西方学习，仅仅经过 20 多年的发展就日渐强盛起来，废除了幕府时代与西方各国签订的不平等条约，迈入了现代化国家的行列。为了更好地发展资本主义，日本采用的战略方针与西方殖民主义如出一辙，加上历史上固有的军国主义潜在的影响，日本很快就开始准备武力侵略，日益走上了对外扩张的道路。明治天皇对此毫不掩饰，甚至有意彰显军国主义精神，他一年四季身穿旧式军装，骑着高头大马，甚至亲自参加实战演习，吸烟用的烟嘴也是用子弹壳制成，一举一动都在鼓舞军心，为日军对外作战撑腰打气。

日本侵朝

日本对外侵略的矛头首先指向了朝鲜，因为朝鲜邻近中国，可以成为侵华的跳板，中国政府自然不会袖手旁观。日本作为岛国，最为邻近朝鲜半岛，征服朝鲜向来都是对外侵略的第一步，从倭国时代开始，日本就有攻打朝鲜半岛的记录，到了隋唐时期，再次掀起侵略朝鲜的战争，结果遭到了大唐王朝的迎头痛击。日军战船 400 余艘，唐军仅

100余艘，双方在白江口展开角逐，唐军虽然处于劣势，但统帅指挥得当，将日军围在阵中，猛烈地进行攻击，日本战船最终被全部焚毁。白江口海战惨败，日本不能不收敛起侵略朝鲜半岛的野心，一面在本土加强防卫，一面向唐朝臣服示好，走上了学习唐朝的自强之路。

到了16世纪下半叶，日本再次感觉羽翼丰满，丰臣秀吉又一次侵略朝鲜，结果又遭到大明王朝的痛击。丰臣秀吉生于1537年3月17日，是日本战国时代、安土桃山时代的封建领主，侍奉织田信长的过程中他的实力不断壮大，最终统一了日本。取得巨大的成功之后，丰臣秀吉的野心膨胀起来，妄图建立庞大的帝国，不仅要侵略朝鲜，还要“长驱直入大明国”。1592年，丰臣秀吉派20万大军直扑朝鲜，两个月就占领了京城（汉城）、开城、平壤三大城市，朝鲜向明朝紧急求援。明神宗朱翊钧深深明白唇亡齿寒的道理，派遣大将李如松率军前去救援。作为名将之后，李如松从小就在金戈铁马的战场锤炼成长，不仅英勇善战，而且十分熟悉朝鲜的情况。来到朝鲜之后，李如松亲自率领军队攻打平壤，日军的炮弹与箭矢倾泻而下，李如松险些遇难——其坐骑死在了敌人的炮火之下，但他毫不畏惧，最终指挥明军一举收复平壤，日军被斩杀 1500 余人，烧死 6000 余人。

侵朝日军在海战中也不断遭到失败。为了应对日本的侵略，朝鲜任命李舜臣为全罗左道水军节度使，他一面补充水师的兵力，一面制造火药与武器，而且还借鉴中国古代战舰艨艟（又名蒙冲）的设计，建造了形状独特的龟船：一般约 20 米长、4 米多宽，船上覆盖着坚硬的外壳，再铺上结实的铁板，铁板上还插满了尖刀和利锥——作战时如果敌人爬上来就会被刺死，船头装有威武的龙头，龙嘴中设有喷射烟雾和毒气的装置，船身上分布着枪眼和炮眼用于射击。在 1592 年 5 月的玉浦海战中，李舜臣利用日军上岸抢劫的良机，指挥龟船 90 余艘发起偷袭，日船还没来得及抵抗，就已经损伤惨重，日本水师遭受重创。

日本侵略军在陆上、海上接连遭遇失败，准备集结之后撤回日本，明朝水师提督陈璘截获情报后，决定在海上进行阻击：明朝老将邓子龙作为先锋；陈璘率明朝水师主力作为左军；朝鲜名将李舜臣作为右军。1598 年阴历十一月十九，战争在露梁以西的海面打响，老将邓子龙已经年过七旬，但老当益壮，率领手下的士兵冲锋在前，杀敌无数，但不幸的是本方船只不慎将火器投到了邓子龙的船上，日军趁机发起反扑，邓子龙力战而亡。李舜臣率领士兵，对敌人展开猛烈攻击，结果不幸中弹身亡。陈璘指挥将士继续作战，明军施放的喷火筒焚毁了日军大部分战船，日军残部只好跳水登岸，结果又遭陆上明军来回的截杀。在这次著名的露梁海战中，中朝水师几乎全歼日军，共同用鲜血夺取了决定性胜利，明朝老将邓子龙、朝鲜水师统帅李舜臣都壮烈牺牲。日本侵略军首领丰臣秀吉也死于朝鲜。

虽然侵略与掠夺朝鲜半岛、进而侵略中国的企图接连受挫，但日本的统治集团并不甘心。明治维新后随着国力的增强，日本再次露出锋利的爪牙，妄图吞并朝鲜，以此为跳板侵略中国。1875 年 9 月，日本派军舰到朝鲜挑衅，进行炮击骚扰，制造了江华岛事件。1876 年，又以江华岛事件为借口，武力逼迫朝鲜签订了《江华条约》。此后进一步渗透，1880 年，日本在汉城设立公使馆，以此为据点插手朝鲜内政。1882 年 7 月，汉城发生士兵起义，起义者不仅攻入王宫，还火烧了日本领事馆，朝鲜请求清政府派兵援助，清朝很快就派军平定了叛乱，但日本人还是寻觅到了机会，逼迫朝鲜签订了《汉城条约》，并派伊藤博文为特命大使与清政府交涉，日本在朝鲜取得了和清政府平等的地位，进一步便利了其在朝鲜的扩张。

日本利用各种可乘之机，在朝鲜不断扩张势力，而且逐渐摸清了清政府的底细，与此同时，开始大肆扩军备战。为了打造强大的海军，财力不足的日本政府发行公债筹集款项，明治天皇带头从皇室经费中拨出 30 万日元，他本人节衣缩食，甚至每天只吃一顿饭，皇后的首饰也捐了出来，他对官员们说："以后皇后只能用樱花来装饰头发了。"在明治天皇的煽动下，内阁首相伊藤博文也对官员发表鼓动性演说，希望众人以天皇为榜样，最终筹得捐款 203 万日元，全国上下掀起了扩充海军的狂潮。经过多年苦心经营，到甲午战争爆发前，日本基本完成了海军造舰计划，拥有 31 艘军舰、24 艘鱼雷艇，积极准备与清政府进行决战。正在这时，朝鲜局势再次发生变化，给日本人提供了良机。

1894 年，朝鲜发生了东学党起义。东学党又称东学道，或东学教，其创始人为崔济愚，他痛恨官方的压迫和基督教的扩张，创立了号称集儒、道、释精髓为一的“东学”信仰，以诚、敬、信为基本教义。朝鲜的李朝政府认为，崔济愚散播的是蛊惑人心的异端邪说，于 1864 年将崔济愚逮捕并斩首。崔济愚的思想为社会民众提供了精神慰藉，所以得到了社会下层的支持，在与政府的对抗中仍继续传播。1894 年春，在朝鲜半岛西南部的全罗道，因为灌溉工程修筑问题而引发民众反抗，东学道首领全琫准率众发动起义，展开了与统治者的激烈对抗，还攻打下了朝鲜南部的战略要地全州，其他各地纷纷响应，起义逐渐演变为全国性的农民战争，朝鲜政府面临巨大的压力。

东学党起义在朝鲜掀起巨大波澜，朝鲜统治者感觉无力进行镇压，所以请求清政府派兵援助，日本内阁获知这一消息，展开紧急磋商，也准备向朝鲜派遣军队，维持中日两国在朝鲜的均势。朝鲜政府听说日本也要出兵，感到局势可能更为恶劣，所以请求清军暂时不要登陆，清朝常驻朝鲜的使节袁世凯没有应允，这样，清军很快就进入了朝鲜。朝鲜又去请求日本不要出兵，朝鲜政府可能没有想到，日本此前一步步扩展在朝鲜的影响，目的就在于最终侵占朝鲜，现在有了大规模派军的机会，根本不会错过，日本军队此时已经踏上了前往朝鲜的战舰。这样，日军于6月9日抵达仁川，先后运送陆军近4000人，海军则有“松岛”“吉野”等8艘战舰，日军兵力远在清军之上。

就在中日军队进入朝鲜之时，朝鲜内部的局势发生变化。起义军与朝鲜政府的激烈对抗，导致政府请清军予以援助，日本也借机出兵。起义军已经认识到，朝鲜的局势逐渐失去控制，潜在的危机十分令人不安，所以放弃了“驱兵入京”的计划，与朝鲜政府展开谈判。朝鲜政府身处危机的旋涡，对谈判求之不得，答应了起义军提出的改革要求。这样，起义军撤出了全州，在自己控制的53个郡县建立了政权机构。

可以说，朝鲜局势已经趋于稳定，可是，日本并不愿意让这一切成为现实。

05

喋血丰岛

朝鲜危局

东学党起义军意识到朝鲜局势已经十分严峻，所以与朝鲜政府实现了和谈。清政府也希望朝鲜实现稳定，袁世凯与日本公使大鸟圭介举行会晤，双方达成共识：清政府不再增兵，日本后续部队也不再登岸。朝鲜局势出现了缓和的迹象。

但是，日本政府并不愿意放过在朝鲜谋取权利的机会，日使照会清政府，否认朝鲜为清朝的藩属国，声称根据日本与朝鲜 1882 年所签订的《济物浦条约》中的第 5 款："日本公使馆备兵员若干备警事。设置修缮兵营，朝鲜国任之。"日本军队驻扎在朝鲜完全合乎规定。随后，日本又向清政府提出“共同改革朝鲜内政”的要求，如果清政府不接受这个建议，那么日本将独自进行。直隶总督兼北洋大臣李鸿章已经认识到，日本政府心存不轨，但他没有进行更多的军事应对，而是想通过“以夷制夷”的策略解决问题。

当朝鲜危机发生时，英、俄等国的军舰纷纷向朝鲜集结，它们也非常关心自身在东亚的利益得失，给李鸿章造成错觉，认为各国对东亚局势不会袖手旁观，它们的介入能够使中国避免与日本发生正面冲突。但是，李鸿章的策略没能成功。英国在东亚的主要对手是俄国，它鼓励日本在朝鲜发展势力，希望利用日本来牵制俄国。所以，李鸿章请求英国进行调停的时候，英国表示不愿意看到东亚局势动荡，呼吁中、日双方同时撤军，在朝鲜京城周围建立中立地带，其实只是敷衍了事。因为朝鲜局势也涉及俄国的利益，所以俄国表示愿意介入调停，俄驻日公使希德罗渥奉命求见日本外相陆奥宗光，表达了俄国政府对中日共同撤兵的期待，处心积虑的日本绝不放弃机会，毫不客气地拒绝了俄国的建议，俄国稍后即向中国政府表示了为难。另外，俄国政府部分人士也心存幻想，期望能够坐收渔翁之利，所以不可能强硬介入。

李鸿章的外交努力没有取得真正成效，和平解决问题的希望已成空幻，正如海关总税务司英国人赫德所说的："日本是根本没有什么正义可言的，除非借口代别人打抱不平而自己捡便宜也可以算作正义。正义完全在中国方面。我不信单靠正义可以成事，正像我相信单拿一根筷子不能吃饭那样，我们必须要有第二根筷子——实力。但是，中国人却以为自己有充分的正义，并且希望能够以它来制服日本的铁拳，这想法未免太天真了。"李鸿章等人还没能真正认识到当时国际秩序中的丛林法则，在和平解决问题的幻想破灭之后，才决定向朝鲜派兵增援，因为此时在朝日军远远多于清军，可是，蓄意挑起战端的日本会等待清军从容部署吗？

经过筹备，清政府派北洋水师的"济远""广乙""威远""操江"等舰入朝，由"济远"舰管带方伯谦率领。方伯谦为福建侯官县人，与邓世昌同一年考入福州船政学堂，不同的是，他后来获得了留学机会，在英国皇家海军学院进行了深造，此时任“济远”舰管带。方伯谦等人护送的运兵船共计3艘：分别是“爱仁”号、“飞鲸”号与“高升”号，都是英国籍轮船。李鸿章希望日军能够忌惮船只上的英国国旗，不敢贸然发起战争。可惜的是，日本军方早已得到清朝运兵增援的情报，在“高升”号起锚的当天，就已经下达了袭击中国护航舰的密令，日本舰队疾驶而来的时候，清政府还被蒙在鼓里。

1894年7月22日早晨，丁汝昌命令“济远”“广乙”“威远”三舰从威海出发，以副将方伯谦为队长，护送运兵船至牙山。1894年7月23日，“济远”等三舰抵达朝鲜牙山，次日下午，由方伯谦率领的“济远”“广乙”两舰驻泊牙山湾外，保护运兵船安全入港，装卸人员和物资。正当一切都在忙碌进行时，牙山湾口外出现了一艘日本军舰，但很快又失去了踪影，这些诡秘的迹象给人带来不祥的预兆。下午5时半，“威远”号完成了前往仁川送电报的任务，此时已经返回，带来的消息非常不妙：日军闯入王宫，杀死了朝鲜实际掌权者闵妃，战争实际上已经打响！

喋血丰岛

朝鲜形势急转直下，方伯谦认为“威远”号为木船，无法承受炮火袭击，命令它在当夜9时15分先行返航，避免遭遇不测，“济远”“广乙”继续执行任务，等待运兵船上的清军和辎重上岸，最后一艘运兵船“高升”号此时还未到来，方伯谦等已经无法等待，需要带队紧急离开牙山湾，以防遭到日本海军主力舰队攻击。“济远”“广乙”两舰至25日拂晓4时终于完成了任务，然后迅速开始返航，这一天的天气晴朗，万里无云，两舰疾驶在碧波之上，期盼能早点顺利返回。

方伯谦等没有想到的是，尽管他们已经注意抓紧时间完成运送军队的任务，但仍无法避免与敌人的遭遇，因为日军早已进行了精心安排。早在7月20日，日本已经接到了北洋舰队将赴牙山的情报，随后进行部署，7月23日上午11时，日本联合舰队开始离开港口，25日凌晨4时30分，日本联合舰队第一游击队的3艘战舰“吉野”号、“秋津洲”号、“浪速”号展开巡弋，以单纵队的阵型在洋面上不断搜索，时刻准备发起攻击。

随着时间指向5时30分，方伯谦指挥着“济远”“广乙”两舰正在洋面上疾驶，突然发现西南方煤烟升腾，好像有军舰驶来，随着双方距离的缩短，瞭望兵已经能够确认，对面为3艘日本军舰，其中一艘为“吉野”(常备舰队旗舰)、一艘为“浪速”、另外一艘“不知名”——这是日本新近投入使用的“秋津洲”号。方伯谦命令舰队进入备战状态，大小炮位的炮口罩全部摘去，炮架上的固定锁链一一松开，迅速做好了迎战准备。

就双方力量对比来说，清军编队不仅在数量上处于劣势，而且实力孱弱。两舰中“济远”舰实力更强，该舰为德国坦特伯雷度的伏尔铿造船厂建造，完工于1885年8月，舰长71.93米，排水量为2300吨，航速16.5节；“广乙”号为福州船政局建造的国产军舰，完工于1890年11月30日，舰长71.63米，排水量只有1030吨。

日军编队不仅拥有3艘战舰，年代较新、航速更快，排水量更是明显占有优势。日本方面，“吉野”舰购自英国阿姆斯特朗公司，为1893年9月30日建成的新舰，排水量达到了4200吨，航速为23节；“浪速”号也购自英国，1886年3月建成，排水量为3700吨；“秋津洲”号为英国设计、日本建造的新舰，1894年3月建成，排水量为3100吨。

两相比较，北洋舰队的“济远”和“广乙”号极为弱小，但在双方正面交锋的情况下，方伯谦等人无暇顾及太多，他们迅速做好战斗准备，勇敢地去接受敌人炮火的考验。随着双方的驶近，日军3艘军舰发出了立即作战的信号，7时45分，双方距离约3000米的时候，“吉野”号首先发难，向中国军舰发起炮击，“济远”号随即由西转舵向南，然后发炮还击，丰岛海战的帷幕就此拉开。

“济远”发第一炮还击“吉野”时为7时52分，“秋津洲”于7时55分开始向“济远”发炮，7时56分，“浪速”也向“济远”开炮。日本3艘军舰拥有22门速射炮，火力非常猛烈，三舰集中攻击实力较强的“济远”，一时之间炮声隆隆、弹如雨下。“济远”将士不畏强敌，在苦战当中拼死还击，8 点 10 分，一炮击中了“吉野”舰首附近的位置，8 点 20 分，又用 15 厘米口径炮弹击中了“吉野”的右舷，非常可惜的是，所发射的炮弹中没有装炸药，否则就有击沉“吉野”号的可能。

“济远”号处于弱势还能屡屡击中敌人，全靠将士们视死如归地浴血奋战。帮带大副沈寿昌不顾安危，一边亲自掌舵，一边指挥炮手还击，不仅多次击中“吉野”号，还击中了“浪速”号的左舷船尾，极大地鼓舞了官兵的斗志，在双方激战 1 小时 20 余分钟之后，日军的炮弹击中了“济远”号的望台，炮弹随后爆炸，弹片击中了沈寿昌的头部，他一下子摔倒在地，壮烈牺牲。枪炮二副柯建章义愤填膺，继续指挥士兵发炮攻击敌人，不幸被飞弹击穿了胸膛，英勇阵亡。眼看大副、二副为国捐躯，实习生黄承勋不顾安危，愤然登上望台，“平时他一副文绉绉的学生样子，现在却临危不惧，也是一条真正的汉子”，黄承勋正在指挥士兵继续战斗时，不幸被敌人击断了一只手臂，倒在地上，士兵赶紧将他救入舱内，准备进行紧急治疗，黄承勋坚决予以制止，让士兵各守岗位，不要在自己身上延误宝贵的作战时间，然后溘然长逝，年仅 21 岁。

在中日双方激战的时候，实力孱弱的“广乙”号也勇敢地加入战团。趁着“济远”号与敌舰展开鏖战的时机，“广乙”随后投入战斗，伺机向敌舰冲去，准备施放鱼雷，“吉野”为了避免遭受攻击，立即向左转舵，“广乙”转向往“秋津洲”和“浪速”之间驶去，接近后再次准备施放鱼雷，敌舰“秋津洲”号发炮猛烈攻击，“广乙”号接连中炮，不仅多名炮手伤亡，而且舵手也壮烈牺牲，随后“浪速”号也驶过来进行夹击，在硝烟弥漫之中，“广乙”出现在了“浪速”的后方，“浪速”一面转舵躲避，一面展开炮火攻击，“广乙”号上的伤亡十分惨重，30 余人壮烈牺牲，40 余人重伤，已经无法继续战斗，只好驶离了战场，最终在朝鲜西海岸十八家岛搁浅。为了避免战舰落入敌人之手，“广乙”号管带林国祥命令放火焚船，然后率领残存的士兵登陆，最终部下只有 17 人幸存。遭遇灭顶之灾的“广乙”号属福建水师，因为北洋水师面临威胁，所以被派来支援，不幸成为甲午战争中殉国的第一艘军舰。

“广乙”号被迫撤离战场时，“济远”号上已牺牲 30 人、受伤 27 人，只好全速向西航行，躲避敌人的炮火。这时西南洋面突然有两缕黑烟升起，原来是“操江”舰与“高升”号运兵船驶来，两者还不知道海战已经打响。日本军舰发现之后，“浪速”转舵前去拦截“高升”，“秋津洲”则去追逐“操江”，“吉野”继续追击“济远”。“济远”虽然全速行驶，但因为“吉野”的航速更快，所以难以摆脱，此时的“济远”已经负伤累累，前炮受损后无法进行瞄准，只有后炮还可以勉强使用。

12 时 38 分，“吉野”号逐渐逼近，用右舷炮猛烈轰击，“济远”号岌岌可危，在这紧要关头，水手王国成站了出来。王国成为山东文登人，是“济远”舰上的一名普通水手，面对敌人的嚣张气焰，他义愤填膺、挺身而出，在水手李仕茂协助下，奋力调整 15 厘米口径的尾炮对准了“吉野”

号，大吼一声："兄弟，现在看关二爷是不是保佑咱们了！"猛然发炮，奇迹般击中了在后面追逐的"吉野"号，"吉野"被迫转舵驶离。"济远"九死一生，最终于26日早晨回到威海。

在海战进行之时，"操江"舰与"高升"号运兵船驶入了作战海域。"操江"号是北洋舰队的运输舰，上面装载的主要是武器与饷银，看到"吉野"号尾追"济远"舰驶来，"操江"号急忙将龙旗降下，表示并无战意，"吉野"号继续追逐"济远"。"秋津洲"号随后而来，命令"操江"舰停止航行，"操江"舰最终被敌人俘获，装载的20万两饷银、20门大炮、3000支步枪以及大量的弹药，全部被日军获得。船上的官兵被日军俘虏，一再遭受凌辱，上岸后还被驱赶着游街示众，直到1895年8月才遣返归国。

"高升"号是英国怡和轮船公司的货轮，船籍为英国，清政府为了运兵而特意租用的，载有官兵共计1116人，外加一些枪炮弹药与饷银。日舰"浪速"号看到"高升"号行驶之后，认为一定装载着清军，所以发出信号要求"下锚停驶！"还用左舷炮进行了瞄准，然后放下一只小艇驶过来，声称检查商船执照，并要求“高升”号跟随“浪速”号返回日本。船长高惠悌（T. R. Galsworthy）稍加抗议便表示服从，清军官兵群声鼎沸，愤怒地向船长抗议：“宁愿死，决不服从日本人的命令！”经过一再交涉，“浪速”号舰长东乡平八郎警告：“‘高升’号外籍船员立刻离舰。”然后升起了代表攻击的红旗，随后炮轰“高升”号。面对敌人的残酷暴行，清军官兵视死如归，在猛烈的炮火中，顽强地用步枪激烈还击，直至船身全部沉没，日舰为了报复，野蛮地对落水士兵进行了屠杀——用快炮向落水士兵轰击了一个多小时，清军官兵共计871人不幸遇难。

“高升”号事件发生后，日本政府一度非常紧张，毕竟该船船籍为英国，当时的英国海军世界第一，绝非日本能够抗衡，但英国为了交好日本以便掣肘俄国，并没有认真对日追责，几经波折，最后要求赔偿责任由中国政府承担，清政府最终于1903年3月向怡和公司赔款33411英镑。

06 甲午之殇

平壤之战

随着硝烟散去，丰岛海战的消息很快传开，清廷上下一片哗然，日军不宣而战的恶劣行径让人不齿，朝廷上下纷纷要求对日开战，清朝于1894年8月1日对日宣战，日本也于同日对华宣战，因为这一年正是甲午年，所以这场战争史称甲午战争——后来它成了中国人最为惨痛的历史记忆！

清朝对日作战，北洋水师极为重要，刘步蟾、林永升、邓世昌等听闻丰岛海战的消息后，十分愤怒，各艘军舰都解除了舢板，仅留下六桨小艇一只，用行动表示了要与敌人血战到底的决心：舰存人存、舰亡人亡，绝不借舢板逃生！无数壮士捐躯疆场的铁血舞台徐徐拉开了帷幕！

海上运兵朝鲜遭遇袭击，清兵又从陆上进行增援。清政府先后调遣总兵卫汝贵指挥的盛军、马玉崑指挥的毅军、左宝贵指挥的奉军和副都统丰升阿指挥的奉天、吉林练军，迅速准备，奔赴朝鲜。8 月上旬，各部抵达平壤。平壤当时为平安道的首府，是朝鲜北部的水陆交通枢纽，所以清军予以重点防守。增援的清军加上先前在朝的直隶提督叶志超指挥的芦榆防军，总兵力已达 1.3 万人，拥有野炮 4 门、山炮 2 门、快炮 6 门。

平壤的地理位置非常关键，所以也是日军的重点攻击对象。日军陆军第一集团军兵分四路，采取合力围攻的策略，直扑平壤，日军总兵力为 1.6 万人，拥有各种火炮约 30 门。9 月 15 日晨，日军从 3 个方向发起攻击：少将大岛义昌率混成第九旅向驻守平壤城东南、大同江沿岸的盛军、毅军进攻；少将立见尚文率朔宁支队、上校佐藤正率元山支队向玄武门外牡丹台的左宝贵部进攻，为主攻方向；中将野津道贯率第五师主力进攻大同江北、平壤城西北方向叶志超部芦榆防军阵地。

平壤北战场是平壤之战的主战场，日军集结了 7800 余人，发动了猛烈攻击，而防守的清军只有 2700 余人，其中左宝贵率奉军 1500 人驻平壤城北山顶，守卫牡丹台与玄武门——这里成了日军攻击的重点，枪炮隆隆声中，双方激烈交火，在敌人优势兵力的猛攻之下，清军伤亡惨重，被迫退守玄武门，日军又集中炮火轰击玄武门，左宝贵率军誓死守卫。为了鼓舞士气，左宝贵身穿黄马褂、顶戴花翎，不顾生死指挥作战，看到炮手不幸阵亡之后，他冲过去亲自点炮，先后发射榴弹 36 颗，激战当中不幸被敌人的子弹击中，他稍加包裹就继续浴血奋战。部下将士见左宝贵如此英勇，备受鼓舞，都舍生忘死地投入了战斗。日军在炮火掩护下，向玄武门冲击过来，清兵一边射击一边用泥土堵住门口，敌人先后 3 次冲锋，清军 3 次予以击退，敌人的炮火变得更加猛烈，城墙最终被轰开了缺口，日军乘势攻入，然后打开了玄武门，清军在城内继续顽强抗击。

在激烈的交火中，左宝贵再次中弹——不幸

被炮弹击中胸膛，壮烈为国捐躯。部下杨建胜带着左宝贵的尸体想冲出玄武门，最终死于乱军之中，两人的尸骸荡然无存。在甲午战争中，回族勇士左宝贵在平壤捐躯在前，汉族英雄邓世昌血染海疆在后，他们的壮举感动了全国各族人民，穆斯林称赞他们为甲午“回汉双忠”。在左宝贵的家乡山东平邑，其陵墓中只是安葬了一只靴子、贴身衣服、一把军刀，而在扬州的仙鹤寺普哈丁墓园，穆斯林因为感念他的壮烈事迹，在这里修立衣冠冢以示纪念。

日军虽然攻占了牡丹台和玄武门，但仍被阻挡在内城之外，消耗很大，无力继续进攻。在平壤西、南两处，日军同样展开了进攻，但势头没有北面凶猛，清军与敌人浴血奋战，努力地坚持，日军难以顺利前进。经过 1 天的激烈交锋，日本死亡 189 人，受伤 516 人，清兵因为处于防守的有利位置，所以伤亡人数少于日军。对日军来说，更为不利的是，他们所携带的弹药、口粮都消耗殆尽，夜里露宿平壤城外的时候还遭受着雨淋风吹，形势并不乐观。

清军统帅叶志超却没能了解敌情，把握住有利的形势，看到玄武门失守，心里十分恐惧，其实早在8月下旬的时候，他心里就有弃城逃跑的想法，左宝贵给以怒斥：“你们如果怕死，就自己离开，我要拼死守卫平壤城！”如今，战斗意志坚决的左宝贵已经殉国，叶志超更加犹豫不定，他只看到自己一方弹药已然缺乏，粮草供应不济，根本没有考察敌情，其实日军的情况也是如此。叶志超召集各将领，商讨放弃平壤、撤军至鸭绿江设防，众人听从统帅的意见，驻扎平壤的清军决定趁夜色掩护，悄悄撤离。

夜里8时，平壤漆黑一片，这时大雨倾盆而下，偶尔有闪电划过夜空，一切都显得那么凄厉。趁着夜色，叶志超下令开始撤退。为了行动迅速，清军丢掉了辎重，在倾盆大雨之中，成群结队地仓皇撤离，有的从城门蜂拥而出，有的越墙而出，跌跌撞撞地四散奔走。城外休整的日军突然听到一片嘈杂，在黑夜之中，难以分辨情况，急忙枪炮齐鸣，进行猛烈射击。慌忙之中，清兵乱作一团，前面的转身向后跑，后面的还在继续向前拥，慌乱中有些士卒举枪胡乱射击，完全不分敌我，清军最终死伤累累，损兵折将达2000多人，远远超过了在战斗中的人员损失。至16日拂晓，日军才发现清军已经完全撤离，然后顺利进入了平壤，此时清军已经全部退至鸭绿江边，日军完全控制了朝鲜。

残存的清军好不容易逃脱，再也没有任何顾忌，如同退潮的潮水一般一泻千里，众人狼狈逃窜，一直退过了鸭绿江。日本军人则轻而易举地进入了平壤，一个个得意洋洋。日本报刊也把叶志超当成笑料："功名非所慕，一意只奔逃。鹤唳风声际，知君汗马劳。"叶志超成了胆小如鼠、臭名昭著的"逃跑将军"。

叶志超依靠战功而步步高升，向来以勇猛著称，此时却成为了遗臭万年的"逃跑将军"。赴朝鲜作战，叶志超并非心甘情愿，当朝廷命他率军奔赴朝鲜时，他迟迟按兵不动，在朝廷一再催促下才勉强动身。担任平壤各军统帅的时候，叶志超也没有积极侦察敌情，妥善谋划，而是依靠天津发来的电报进行军事决策，甚至在战事紧张的时候还喝酒享乐。可以看出，叶志超随着地位的提升，原来勇猛作战的作风日渐消退，根本无心与敌人展开血战。

清军不仅在陆上与日军激战，海上的较量也在徐徐展开。丰岛海战中，日本不宣而战，而且残酷炮击落水的清兵，邓世昌等北洋将领无不愤慨，决意与敌人拼死一战。8月2日，北洋水师提督丁汝昌率6艘军舰编队，航行至朝鲜大同江洋面巡弋，此时日军已经躲避起来，北洋水师复仇的愿望没能实现。此后，北洋舰队巡游在威海、大同江、旅顺一线，同时防护着重要关塞。

清朝政府尽管已经宣战，但是对战争的认识与准备并不充分，平壤战役中，叶志超放弃平壤趁夜逃走，当然遭到世人的一致谴责，但清廷没有保障军需供给也是事实，而此时的日本已经像拧紧发条的时钟飞速运转，倾全国之力投入了战争豪赌，双方的决战已经箭在弦上，但清政府仍决定采取保守方针，北洋水师的战略为“保船制敌”，而日本海军的计划是决战海洋之上，夺取制海权。

黄海悲歌

战略方针的差异决定了军事行动的不同，1894年9月13日，日本海军编队主动进攻，长驱直入到鸭绿江口，搜寻北洋水师主力，两者没能相遇，但在日本主动进攻的态势下，大战的脚步越来越近：因为朝鲜的战事已经开始，在朝的清军急需增援，清政府决定由北洋水师护送运兵船前往，这为日本人提供了海上进攻的良机。

1894年9月14日，农历恰好为八月十五。当夜幕降临，一轮明月悬挂于海面之上，文人骚客或许即景生情，赋出“海上生明月，天涯共此时”的佳句，北洋水师的将士或许抬头一瞥，不经意间也想起了远方的亲人。不过，北洋将士并没有过多的时间去品味离愁别绪，他们正在进行航行的准备。15日上午，丁汝昌率北洋舰队主力抵达大连湾，然后一面补充煤炭与淡水，一面等待运兵船装载军兵与辎重，直到午夜才一切就绪。16日凌晨1时，丁汝昌率北洋舰队大小舰艇共计18艘，护送着5艘运兵船向大东沟进发，一路波澜不惊、平安无事，至中午时已经到达。

由于大东沟口内水浅，吃水较深的大型军舰无法入内，所以丁汝昌令“镇南”“镇中”两炮舰与4艘鱼雷艇护卫运兵船继续前行，“平远”“广丙”两舰停泊口外，进行警戒，他本人亲自率领10艘主力战舰（包括“定远”号、“镇远”号、“致远”号、“靖远”号、“来远”号、“经远”号、“济远”号、“广甲”号、“超勇”号、“扬威”号），距口外12海里处下锚，邓世昌指挥着“致远”舰就在编队之中。

所有运送任务完成后，时间已经是17日的早晨，8时左右，“定远”舰挂出龙旗，北洋水师编队准备返航，约9时，丁汝昌传令进行“巳时操”。“巳时操”并非锻炼身体的体操，而是北洋舰队每天进行的训练，一般都是上午巳时进行，所以人们习惯称为“巳时操”。舰队中的洋员马吉芬，亲身经历了这一切，“第二天早晨，星期一，便是永志难忘的9月17日，这天的天气非常不错，微风徐徐掠过海面。上午如往常般度过，舰队于9点15开始全体战斗操练，炮手练习炮击1个小时……与通常一样，水兵们精神饱满，热切地期盼着以一场战斗来为‘广乙’‘高升’报仇雪恨。”自从丰岛海战之后，北洋将士求战心切，每天都在认真进行常规性训练，准备与日军展开血战，但他们并没有想到，北洋舰队正在海上进行训练的时候，日本舰队已经行驶在了洋面之上，远远地奔驰而来，风平浪静的洋面很快就将变成硝烟弥漫的铁血战场。

其实日本自制订侵略计划之后，就已经把歼灭北洋水师列为关键任务，只有与北洋海军决一死战，日本才能夺取制海权。丰岛海战取得胜利，更刺激了日本海军的嚣张气焰。北洋水师想复仇，日本海军更想继续扩大战果，所以也在积极寻觅作战良机。当北洋舰队在大东沟为登陆部队护航的时候，日本方面得到了情报，觉得机会终于到来，决心与北洋海军决一死战，准备停当之后，日本联合舰队在朝鲜北海岸向北疾驶而来。

随着双方的驶近，中日舰队终于遭遇。10时

23 分，正在搜索前进的日本联合舰队第一游击队突然发现，东北方向有大量黑色的煤烟不断升起，“忽然二缕、三缕、四缕、五缕，终于十余缕相继出现”，根据已经掌握的情报，这些黑烟肯定来自北洋水师的战舰。在距离还十分遥远的时候，日本联合舰队已经发现了北洋水师，出卖其行踪的“罪魁祸首”竟然是劣质煤炭！

当时，北洋水师的军舰采用的是蒸汽动力，煤炭的供应非常关键。1875 年，李鸿章创办了开平煤矿，最初目的主要是为了供应北洋水师，后来因为资金不足，采取了官督商办的形式。到甲午战争之前，开平煤矿的产量已经达到了日均 1000 吨，不仅供应北洋海军、天津机器局、轮船招商局等，甚至大量外销。外国人购买了开平煤矿的优质煤后，大加赞叹：“烟少火白，为他国所罕有。”1893 年，开平煤矿第一任总办唐廷枢去世，张翼成为第二任总办。张翼更多地考虑股东的利益，因为很多股东是中央部门官员或者王公大臣，长袖善舞的他尽力进行讨好，那些得利的大员十分满意，遭殃的却是北洋舰队。因为海军军费紧张，北洋舰队可以承受的煤炭价格不高，张翼便用劣质煤充数，丁汝昌一再交涉，张翼则一再敷衍。1894年7月30日，形势已经越来越紧张，丁汝昌还在给张翼写信抱怨，煤炭的质量太差，不仅煤烟很重，而且提供的动力不足，甚至还可能损伤蒸汽机的锅炉。9月12日，此时距离黄海大战仅仅数天时间，丁汝昌又写信给张翼，交涉煤炭质量问题，但毫无效果。

就这样，北洋舰队所能得到的供应只是劣质的碎煤，急需的优质煤仍然不见踪影。更糟糕的是，这只是冰山一角，北洋水师得到的弹药供应也是严重不足。北洋将士只能驾驶着劣质煤炭驱动的军舰，装载着不充足的弹药，行进在洋面上执行军事任务——不仅动力不足，而且浓烟滚滚。日军使用的却是优质无烟煤，不易被发现。北洋舰队冒着滚滚浓烟，所以，日本联合舰队早早地就发现了对手，然后向本方编队发出信号：东北方向发现敌舰。

日军发现了北洋水师，但北洋舰队还毫无察觉。这时已经临近了午饭时间，北洋水师的伙夫正在叮叮当当地忙碌，当日的菜谱上，军官还有一道重要菜肴——西式烧鸽子肉，临近厨房的水兵早已闻到了饭菜的香味，更加感到了几分饥饿。准备停当之后，伙夫开始把饭菜在甲板上一一摆开，官兵开始准备吃饭。就在这时，双方的舰队越来越近，时针也指向了11时30分，北洋水师桅楼上的哨兵忽然发现西南方向的洋面上黑烟升腾！这时，距离日军发现清军已经过去了1个小时的时间。

哨兵发现敌情后，立即发出信号，北洋水师提督丁汝昌等人登上甲板，用望远镜仔细查看情况，发现疾驶而来的舰队悬挂的是美国国旗，可是，美国怎么可能派遣大型舰队来到这里？人们断定，可能是日本舰队使用的阴谋诡计，目的是迷惑清军。丁汝昌不敢大意，立即下令准备实弹作战，北洋水师各军舰战斗号声响成一片，将士们顾不上吃饭，迅速各就各位、准备战斗。

由于日本联合舰队早已发现北洋舰队，所以在心理上更占优势。发现北洋水师后，日本联合舰队司令官伊东佑亨下令：全体就餐！随着双方越来越近，他们已经看得非常清楚，“中国军舰上头上盘着发辫、两臂裸露而呈浅黑色的壮士，一伙一伙地伫立在大炮旁，正准备着这场你死我活的决战。”为了缓解士兵们临战前的紧张情绪，日军还允许随便吸烟。一切完毕之后，伊东佑亨传令备战，12时5分，日本联合舰队第一游击队在先，以“吉野”号为首，本队在后，呈单纵阵排列，逐渐接近北洋水师。

日本舰队12艘军舰越来越近，丁汝昌于12时20分下令变阵，目的是更好地利用舰首的重炮，北洋水师各艘战舰立即执行命令，在行进中逐渐变为横阵，一刻钟后，变阵已经基本成型：“定远”舰作为旗舰居于中间，其他各舰雁翅形排开。北洋水师整个舰队呈楔形梯队，像锐利的矛头，向敌人猛刺过去！

12时50分，双方舰队已经驶近到相距5300米，进入了重炮的射程范围，“轰隆”一声巨响，“定远”舰舰首的重炮发出了第一颗炮弹，呼啸着落在了“吉野”侧边的洋面上，“海水激起数丈白浪”，黄海大战就此打响！ 10多秒钟后，“镇远”号发出了第二炮，随后北洋舰队一齐发炮，黄海之上炮声隆隆，硝烟四处弥漫。

日本联合舰队仍在继续行驶，并没有发炮，因为日舰上的速射炮虽然速度快，但射程较近。双方距离 5000 米左右时，日本舰队突然折向，转舵驶向左方，绕向了北洋舰队的右翼。这样，不仅可以避开北洋水师轰击，而且可以打击侧翼的“超勇”“扬威”二舰。自邓世昌等人于 1881 年接舰归来，“超勇”“扬威”已经服役 10 余年的时间，和新近购买的军舰相比，这两艘军舰技术老旧、航速较慢，而日本舰队第一游击队行驶在最前面的是“吉野”号，为 1893 年 9 月建成的新舰，实力明显更强。所以日本人首先将“超勇”“扬威”作为目标，计划迅速予以击沉，借此打击北洋水师的斗志。

12 时 55 分，当“吉野”行进到距离“超勇”“扬威”二舰约 3000 米时，开始发炮，随后，“高千穗”“秋津洲”“浪速”也发起攻击，“顿时炮烟锁住海面，弹落如雨。”“超勇”“扬威”尽管战斗力较弱，但将士们毫不畏惧，在敌人炮弹的呼啸声中英勇还击，所发射的多发炮弹击中了敌舰。

一发炮弹击中了“吉野”号，然后在甲板上爆炸开来，不仅引发了火灾，而且击毙敌人军官与士兵各1人，重伤9人；“高千穗”号也被击中数炮，舰上一片狼藉，火药库附近的军官室被击穿，管理火药库通风的士兵腹部受伤，肠子流淌了出来，一片惨状，而且火药库随时可能爆炸，舰上忙乱地包扎伤号、扑灭火灾，乱作一团；“秋津洲”号第五号炮座中弹，5人被击毙，9人重伤。日舰的炮火也非常猛烈，“超勇”很快伤痕累累，下午1时20分，一颗敌弹击中舰舱并引发大火，全舰顿时笼罩在滚滚黑烟之中。在日舰不断炮击下，官兵一边奋力救火一面继续还击。“超勇”舰的舰身逐渐右倾，甲板漫上了海水，将士们仍然发炮不止，最终于2时23分不幸沉没。“超勇”舰管带黄建勋落水之后，鱼雷艇赶过来救援，他不愿苟活于世，与自己的军舰和士兵一起沉没在了大海之中，壮烈殉国。“扬威”号也遭到敌人的重创，燃烧起了熊熊大火，被迫撤离战场自救，结果不幸在浅水区搁浅，管带林履中愤然蹈海自尽。

“超勇”“扬威”两舰与日军舰队第一游击队

激烈交战之时，日军旗舰“松岛”号行驶到了“定远”正前方，双方互相炮击，非常不幸的是，日舰的第一批炮弹就击毁了“定远”的望台，而且重伤了北洋水师提督丁汝昌，炮弹引发的大火还烧伤了他的颈部与面部，丁汝昌已经无法继续指挥作战，“定远”舰管带刘步蟾挺身而出，代替丁汝昌进行指挥。

这时，日本联合舰队本队的6艘军舰正好行驶到北洋舰队“人”字阵前方，北洋舰队各舰舰首正对敌舰侧面，各舰主炮齐齐发射，炮弹呼啸着飞向敌人，随着北洋舰队的行驶，敌人被切成左右两个部分，“定远”“镇远”与右翼各舰发炮火猛轰右边敌舰，左翼的“致远”“靖远”等舰炮击左边的各舰，日本舰队一时陷入被动。忙乱中，敌舰“比睿”号陷入北洋舰队阵中，接连遭到炮击，不仅死伤惨重，而且发生了火灾，只好冒着滚滚浓烟夺路逃窜。日舰“赤城”也损失惨重，“定远”号用后部的15厘米克虏伯炮命中，打死炮手2名，爆炸后弹片还击中了舰长坂元八郎太，鲜血与脑浆四处迸溅，当场毙命，随后“来远”再次命中敌舰，又有多名日军官兵死伤。北洋将士浴血奋战，炮声隆隆中，日舰“吉野”“浪速”“西京丸”“高千穗”“秋津洲”都先后中弹。

日舰“比睿”失去战斗力，向西南方向逃窜，“赤城”急忙驶来营救，北洋水师数艘军舰紧追不舍，“比睿”拼命发炮，造成“来远”号甲板失火，北洋水师各舰减速营救“来远”，“比睿”“赤城”趁机拼命逃脱。“西京丸”号看到形势不妙，发出信号，召唤各舰营救“比睿”“赤城”，日本联合舰队第一游击队高速行驶，用炮火猛烈轰击北洋舰队，“比睿”“赤城”终于逃离。

这时，原本在大东沟口警戒的“平远”号、“广丙”号与鱼雷艇，赶到了战场，正好与“西京丸”号遭遇，将士们发炮进行轰击，“西京丸”号狼狈不堪，清军的“福龙”鱼雷艇驶来后发射出两颗鱼雷，不过没能命中，“福龙”艇继续向前行驶，行进到距离“西京丸”舰首约 40 米处，再次发射鱼雷，乘坐在“西京丸”号上的日本海军军令部长桦山资纪大惊失色，“西京丸”号只能等待被击沉的命运。出人意料的是，“福龙”艇发射的鱼雷竟然从“西京丸”舰底下的深水中穿过！非常遗憾，清军就这样错失了击毙日本海军军令部长的良机！

“平远”“广丙”随后与日本本队相遇，双方互相展开炮击，北洋将士们沉着勇敢，尤其是护甲较厚的“平远”号，在枪林弹雨中驶向日本旗舰“松岛”号，在双方距离约 2200 米时，不幸被“松岛”舷侧的速射炮接连击中，舷侧出现洞穴，舱内还冒出浓烟，“平远”号则用舰首 260 毫米主炮击中“松岛”，炮弹穿过中央鱼雷发射室，击中主炮塔下的机关，引起剧烈爆炸，敌舰主炮顿时无法旋转，浓烟弥漫之中，4 名日本鱼雷兵窒息死亡。战斗仍在激烈进行，“平远”号又用小速射炮接连命中“松岛”的中央鱼雷发射室和桅杆，敌舰上弹片横飞，血肉飞溅。稍后，“平远”被敌舰击中，燃起大火，被迫退出战场，兵士们紧急救火。

这时，日本联合舰队的本队已驶过北洋舰队右翼，随后绕至北洋舰队背后，与第一游击队包夹了北洋舰队，形势开始有利于日军。北洋官兵仍在奋力作战，身受重伤的丁汝昌不顾安危，坐在甲板上激励清军士气。炮声隆隆中，黄海之上硝烟四起，日舰“松岛”号被“平远”击中后，又先后被“定远”舰、“镇远”舰命中，造成四号炮钢盾破裂，随后发生爆炸，海水开始涌入，“松岛”舰几乎处于瘫痪，舰上的日军多人死伤，有的四肢不全，有的遭受烈火焚烧，浓烟滚滚中，有些士兵被呛得呼天抢地。“松岛”已经无力再战，日本联合舰队本队被迫改“桥立”舰为旗舰。

北洋将士与敌人鏖战正酣，他们并不知道有人正在旁观这场惊心动魄的大战。当时，运送中国军队的美国“哥伦比亚”号商船在卸完物资后出港，在战斗爆发 1 个多小时后从战场附近经过，它急忙停泊在小海湾内，船员们借助高倍望远镜目睹了激烈的战争场面，留下了这样的描述：“在震耳欲聋的炮声中，我们上了岸，爬上了制高点，用望远镜进行观看，作战区域全部展现在眼前，整个状况极为恐怖。一团团黑烟又大又浓的，没有风把它吹散，透过漫天的烟雾，巨大的战舰若隐若现，摇摇晃晃，难以分辨清楚，它们好像狂暴的巨龙，愤怒地喷射着惊心动魄的火焰。此外，还有几艘军舰已经燃烧起来，烈火熊熊，它们因为中炮而着火；而压倒一切的是大炮发出的震人心弦的巨响，如同雷电交加，响声不绝……”

腹背受敌的北洋舰队仍然英勇作战，并没有处于下风，但随后的形势越发不利。双方战至下午3时4分，旗舰“定远”号不幸被敌舰“扶桑”号击中，炮弹击穿舰腹后燃起大火，火焰从炸开的洞口猛烈喷出，火势十分吓人，舰上的官兵急忙全力灭火，对敌人的攻势明显减弱，糟糕的是火势竟然更加猛烈，丝毫没有减弱迹象，日舰第一游击队利用这一时机，向“定远”猛扑过来，集中炮火进行密集攻击，旗舰“定远”随时可能被敌人击沉，形势岌岌可危。“镇远”舰管带林泰曾看到形势危急，命令军士急驶上前进行掩护，邓世昌也指挥“致远”舰全速前进，竭力保护旗舰“定远”。“定远”趁着喘息的机会，终于扑灭了燃烧的大火，但冲到前面的“致远”舰遭受重创，邓世昌下令向敌舰撞去，“致远”不幸沉没在了黄海之中。

“镇远”号与“致远”号为了保护旗舰“定远”，不顾自身安危，尤其是“致远”号上的将士，几乎全部壮烈殉国，他们的英勇事迹可歌可泣！但在激烈的战斗中，方伯谦指挥的“济远”号让人极为失望。黄海大战开始之后，方伯谦指挥战舰随着编队应敌，“济远”号没有什么出彩表现，随着战斗的进行，方伯谦内心越发恐惧，看到邓世昌指挥着“致远”舰冲向敌舰、不幸沉没之后，方伯谦感到脊背发凉，“济远”慌忙驶出战场，甚至还因为慌不择路，误撞了已经搁浅的“扬威”号——“扬威”号本来正在奋力自救，结果被撞后裂开了一个大洞，海水迅速涌入，很快就沉没于大海之中。

“济远”号的畏战怯战还引发了连锁反应，“广甲”号与“济远”号距离最近，管带吴敬荣看到“济远”逃离战场，内心十分害怕，就实际情况来说，“广甲”号确实非常弱小，排水量只有 1290 吨，而且是铁肋木壳船，防御力较差。在开战之时，吴敬荣就战战兢兢，“济远”号的逃跑成为压倒骆驼的最后一根稻草，他效仿“济远”开始逃跑。特别有讽刺意味的是，“广甲”号是大战中中弹最少的军舰——只中了 1 发炮弹，这发炮弹竟然来自北洋水师，这是因为北洋水师其他各舰看到“广甲”逃离，非常愤怒，所以对它进行炮轰。

“广甲”在中日两军的炮火中幸运逃脱，最后在大连湾三山岛附近触礁搁浅，吴敬荣迅速逃之夭夭，其他官兵也慌忙逃窜。“广甲”号的驾驶者不识水性，幸亏战前他非常聪明地自费购置了救生衣，在海上漂泊多时后最终得救，此人就是后来大名鼎鼎的民国总统黎元洪！

“济远”与“广甲”畏战逃走之时，日本第一游击队从后面进行了追击，但因为距离过远，所以很快就放弃了，折返回来继续参与战斗。“济远”“广甲”逃走，北洋水师的军舰数量明显减少，日舰更能集中火力进行轰击，日本第一游击队折返后直接面对的是北洋舰队右翼的“经远”号，“经远”号以一敌四，管带林永升率军拼命抵抗，奋力发炮还击，但敌人的火力十分密集，一颗炮弹突然飞来，击中了林永升的头部，林永升当场壮烈牺牲，“经远”舰上还燃起了熊熊大火，烈火升腾之中舰体逐渐倾斜，然后慢慢向海底沉去，全舰官兵不顾生死，仍然继续发炮，直到最后一刻！

此时，中日双方的战斗已经非常惨烈，北洋舰队的“超勇”“扬威”“致远”“经远”先后不幸沉没，“济远”“广甲”逃出了战场，日本联合舰队的“比睿”“赤城”“西京丸”三舰受伤后无力再战。

总体看来，胜利的天平已经转到了日军方面。北洋舰队只剩下“定远”“镇远”“来远”“靖远”4艘军舰，日本还有“吉野”“高千穗”“秋津洲”“浪速”“松岛”“千代田”“严岛”“桥立”“扶桑”9艘军舰，所以，敌军利用数量上的优势对北洋水师展开围攻，北洋舰队的爱国官兵则拼死血战。尤其是“定远”“镇远”两舰，与敌人5艘军舰战成一团，战斗十分惨烈，“镇远”号上的洋员美国人马吉芬亲眼目睹：“十二寸巨炮的炮手正在瞄准，突然敌人的炮弹飞来，炮手的头颅当场崩裂，一片片的头骨四散飞扬，甚至溅到了附近炮手的身上，这些炮手毫不畏惧，迅速将尸体移开，另外一人补位继续瞄准，发炮轰击敌人……”

马吉芬本人在大战中也身负重伤，后来返回美国进行治疗，1897年2月11日凌晨两点，病房中突然传来一声枪响，护士连忙过去查看，原来是马吉芬自杀身亡。下葬的时候，马吉芬身穿北洋水师军服，棺椁上覆盖着大清国的黄龙旗，他的墓碑上镌刻着这样一句话：“谨立此碑以纪念一位虽然深爱着自己的祖国，却把生命献给了另一面国旗的勇士！”

“定远”“镇远”两舰鏖战之际，“来远”“靖远”两舰和日本联合舰队的第一游击队也在激烈战斗，敌军妄图迅速击沉两舰。“来远”“靖远”毫不示弱，和敌舰战成一团，双方你来我往、炮声震天，突然“来远”中弹后发生火灾，炮手在烈火包围之中仍然坚持发炮，担任二副的谢葆璋等人赶紧救火，保住了伤痕累累的军舰。“来远”舰继续奋勇作战，官兵都把生死置之度外，水手王福清负责搬运炮弹，全身心投入到了战斗之中，脚跟被敌人炮弹的弹片削去，他竟然毫无察觉。谢葆璋妻子的一位堂侄也在“来远”舰上，不幸被炮弹击穿腹部，肠子飞溅而起，粘到了烟囱上，几乎全部被烤焦，战斗结束之后，谢葆璋满眼含泪一点点地从烟囱上撕下来，放回到了其遗体之内。

北洋水师的 4 艘战舰与敌军展开苦战，终于挺过了难关，“平远”“广西”与鱼雷艇已经返回，

“靖远”管带叶祖珪知道“定远”的桅楼被毁，所以，主动升旗集合北洋各舰，弹痕累累的北洋舰队重新布置队列，开始在海面上追击日本联合舰队。日本人没能击沉“来远”“靖远”，看到北洋水师已经重整旗鼓，加上担心鱼雷艇的袭击，所以不敢再战，向西南方向驶去。北洋各舰航速较慢，无力追赶，收队之后返回了旅顺。

由中午时分到暮色降临，北洋舰队与敌人鏖战了 5 个多小时，黄海大战就此结束。这场战役，北洋水师损失了 5 艘军舰，共计死伤官兵约 600 人，日本联合舰队也遭受重创，多艘战舰重伤，伤亡 239 人。相比较来说，北洋舰队的损失较大，但北洋将士们浴血奋战，打破了敌人击沉北洋舰队的狂妄幻想。

07 碧波忠魂

“异类”将军

丰岛海战发生之后，北洋官兵义愤填膺，刘步蟾与邓世昌等将领纷纷请战，希望能够出海迎敌，与敌人拼死一战，为遇难的北洋官兵报仇雪耻。但是，李鸿章并不希望战事扩大，采取了防御方针，只允许北洋舰队进行有限的巡弋。

朝中主战人士非常不满，认为李鸿章“避战保船”，只会助长敌人的嚣张气焰，众人期望北洋舰队能重创敌人，扬我国威。年轻的光绪皇帝力主对日作战，一再督促李鸿章备战，对北洋水师的不作为十分生气，丁汝昌自然首先遭殃，光绪要解除他的职务，命令李鸿章遴选合适人选，任命新统帅指挥北洋水师。李鸿章心里并不情愿，一方面是因为丁汝昌与他的关系非常亲密，两人亦师亦友，另一方面是因为清朝的近代海军刚刚开始组建，缺乏资深将领担任统帅，李鸿章选择陆军将领丁汝昌，多少也有点无可奈何。

丁汝昌为人忠厚、不善言辞，对上级忠心耿耿，他很明白自己是陆军将领，对海军的了解非常有限，所以担任北洋海军提督之后，非常勤勉，努力学习近代海军知识，逐渐掌握了海军的专业术语，熟悉了舰队的各项业务，能够较好地安排军事训练，通常上午操炮，下午操枪，逐日轮流打靶，北洋舰队总体来看训练有素。洋员马吉芬素来与丁汝昌交好，在文章中曾经称赞："他既是勇敢的武士，又是温和的绅士。"李鸿章对丁汝昌非常欣赏，所以一再向众人说明目前局势，日本海军武器精良、实力很强，目前敌强我弱，所以不能轻易进行决战，巡弋威慑敌人不失为可行的良策，丁汝昌并非畏战怯战，执行的是合理的策略。丁汝昌最终被"暂免处分"，继续指挥北洋舰队。

丁汝昌陷入政治风波之时，作为"致远"舰

管带的邓世昌也遭遇不顺。在形势日益紧张的情况下，邓世昌正在被审查，原因是他治军太严、作风“粗暴”，涉嫌“鞭打士兵致死”。其实，邓世昌并非粗暴、残忍的将领，只是对军纪有着近乎苛刻的要求，这一点在北洋水师得到公认，这也是他的一贯作风。早年时间，邓世昌随队接“超勇”号和“扬威”号返回过程中，很多官兵离开英国时间越久，对军容风纪越不加在意。邓世昌非常生气，亲自带领亲兵整肃各舰官兵的军纪，使各战舰的面貌都焕然一新。邓世昌和旧式军人明显不同，深深知道如果纪律松弛、斗志涣散，根本无法应对新式的战争，所以，他对纪律的要求很高，在训练上更是狠下功夫，对士兵的要求极为严格。在日常的生活中，邓世昌生活简朴，与士兵同甘苦共患难，有时还与人谈起个人的宏愿：“人谁不死，但愿死得其所耳！”他还非常关心水手的生活，其他舰上时常有水手生病而死，只有“致远”舰没有这一现象。

邓世昌还是一位“事故频发”的将领。邓世昌虽然性格内敛沉稳，但作风却十分勇猛，操练不打折扣，所指挥的军舰出事故也最多。邓世昌任

“镇南”炮舰管带时，军舰曾在风浪中搁浅，几经努力才得以脱险；任“扬威”舰管带时，有一次因船舰上所载煤炭数量不足，导致军舰失去动力，在海上漂流了许久，还有一次因为对水情不够熟悉，导致军舰螺旋桨叶片受损。事故多自然不是好事，但从另一个角度来看又具有积极性：清朝的近代水师还处在初创阶段，无论日常训练还是实际战斗，都没有什么经验，如果不勤加训练、不在错误中成长，海军如何才能发展？邓世昌出的事故多，恰恰说明是在为成长付出代价，而这种代价常常是无法避免的。

正是因为邓世昌治军严格、勤加操练，所以“致远”舰上的官兵训练有素，战斗力非常突出。1891 年北洋水师举行大规模阅兵，其中一项为炮术打靶，邓世昌指挥的“致远”号技惊四座：发射 16 枚炮弹，14 枚命中目标！光绪皇帝与北洋大臣李鸿章看得目瞪口呆，因为当时的海军武器装备和今天无法相比，各国海军命中率大致为 10%，北洋水师也不例外，按照规定，发射 16 枚击中 3 枚即合格，“致远”的成绩简直超乎想象！可以看出，

"致远"舰官兵明显技高一筹，而这与邓世昌的训练与指挥密不可分。

由于日本不宣而战，清廷上下十分震惊，随后于8月1日正式宣战。北洋舰队的官兵十分清楚，日本作为岛国着力发展的就是海军，它必须要依靠海上的军事力量进行侵略，而抗击日本舰队的任务非北洋舰队莫属。作为北洋水师中的名将，邓世昌爱国之心十分炽热，决心保家卫国、御敌于大海之上！

黄海鏖战

1894年9月15、16日，丁汝昌率北洋舰队护卫运兵船前往朝鲜，邓世昌指挥的"致远"舰就在其中。任务完成之后，9月17日，北洋舰队开始返航，早已获得情报的日本联合舰队奔驰而来，双方发生遭遇，大战一触即发！北洋舰队以"人"字阵迎敌，按照行驶的方向来看，"致远"舰位于左翼，处在“靖远”舰与“广甲”舰之间，邓世昌指挥战舰，乘风破浪，按照军事指令，随着北洋舰队编队阵列直插敌军。

原本波澜不惊的黄海海面，很快就成为硝烟滚滚的战场，北洋舰队与敌人展开激战，隆隆炮声惊天动地，呼啸的炮弹四处横飞，在硝烟弥漫之中，邓世昌指挥“致远”舰官兵快速地瞄准、发炮，奋勇杀敌。随着战斗的延续，北洋舰队逐渐陷入日本第一游击队与日本舰队本队的夹击中，腹背受敌。尽管局面开始不利，但北洋水师的将士毫不畏惧，多数军舰都在奋勇作战，与敌人展开血拼。“定远”舰与“镇远”舰都是火力猛烈、防御力强的主力战舰，它们互相保护，与疯狂的敌人展开了激烈的炮击。

日本联合舰队对北洋水师的进攻是有备而来，而且更早发现了北洋舰队编队的行踪，北洋水师则是在护航返回的过程中突然与敌人遭遇，从战斗准备来看，北洋水师明显处于劣势。更加糟糕的是战斗刚刚开始，北洋水师提督丁汝昌就身负重伤，各艘战舰大多是各自为战，在这种不利的情况之下，刘步蟾、邓世昌等将领尽其所能，各自指挥战舰与敌人展开拼杀。日本人对北洋舰队早有研究，知道“定远”号与“镇远”号是主力战舰，“定远”舰还是北洋水师的旗舰，如果能够猛烈打击并击沉，不仅可以打垮官兵们的战斗意志，甚至可以彻底摧毁北洋水师，为以后的侵略奠定基础。

在隆隆炮声中，中日双方的战斗不断持续，日本军舰航速更快、发炮更快的优势逐渐发挥出来，“定远”舰与“镇远”舰吨位较大，虽然舰首与舰尾的重炮威力惊人，但是当时的海军技术较低，击中目标并不容易，两舰逐渐陷入了敌人的围攻。在你来我往的激烈交锋中，下午3时4分，“定远”舰突然被敌舰的炮弹击中，随后燃起大火，“火势愈来愈猛，舰体全被黄烟包围，终于不能自由运动”。敌舰趁着“定远”舰浓烟滚滚的时机，气势汹汹猛扑过来。

“定远”号中弹后发生火灾，北洋水师各艘战舰中弹后几乎都是如此，而敌舰中弹后却很少燃起大火，并不是偶然的运气问题，秘密在于炮弹中的火药。北洋水师的炮弹为天津机器局生产，因为军事工业技术落后，在弹头装药方面数量较小，威力自然较弱，而且装的还是传统的黑火药，其主要成分是木炭和硫黄，爆破威力极为有限。在大战当中，北洋将士多次用重炮命中日舰，但未对日舰造成致命破坏，甚至千吨以下的“赤城”舰也能侥幸逃脱。日军和清军不同，弹头装药为烈性极强的下濑火药，主要成分为苦味酸，不仅爆炸力强，还容易引发温度很高的大火，哪怕防御力极强的铁甲舰“定远”也是如此，惨遭大火焚烧。

趁着“定远”舰发生火灾，敌舰步步紧逼，舰上快炮连续发射，日本人击沉“定远”的妄想似乎真的要实现了，日本联合舰队的官兵有些欣喜若狂，仿佛已经看到“定远”倾斜下沉的惨状。眼见“定远”处在千钧一发的危急时刻，邓世昌等将领心急如焚，“镇远”舰管带林泰曾命令大副杨用霖驾舰疾驶，前来援助，杨用霖等人开始紧急操作。邓世昌一边指挥“致远”舰奋力与敌人交战，一边注意观察着战争局势，发现“定远”舰已经陷入危机，“镇远”舰正在紧急加以保护，邓世昌深知这两艘主力舰的重要性，尤其是“定远”还是旗舰，所以，命令大副陈金揆全力加速，疾驶到“定远”舰之前进行保护！

在北洋舰队之中，大部分将领都是福建人，互相帮助扶持，北洋提督丁汝昌有时也感到头疼，“定远”舰管带刘步蟾因为精明干练、军事才干突出，逐渐成为闽籍官兵的领袖，北洋水师的内部并不和谐。但难能可贵的是，在敌我大战之中，北洋将士同仇敌忾，与敌舰展开了殊死搏斗，并没有考虑这些人事纠葛。当邓世昌看到刘步蟾指挥的旗舰“定远”号陷入危机，第一个念头就是前去营救，心中燃烧的是喷向敌人的烈火。邓世昌、刘步蟾等奋力作战，这些浴血拼杀的北洋壮士，都是奋勇对敌的中华好男儿！

“致远”抢在了“镇远”的前面，冲出来加以保护，日本第一游击队立刻分散了火力，猛烈地向“致远”发炮，邓世昌指挥士兵奋勇还击，双方你来我往，展开了激烈的炮战。

作为专业出身的海军将领，邓世昌指挥“致远”冲出来，他清楚地知道“致远”舰要面对怎样的危险！“致远”舰为防护巡洋舰，长 76.2 米，

宽 11.58 米，吃水 4.57 米，排水量 2300 吨，动力为 2 座卧式 3 缸往复蒸汽机、4 座高式燃煤锅炉，双轴推进，航试时的功率为 6892 马力，采用强压通风时可以达到 7500 马力，航速 18.5 节，正常载煤 200 吨，最大载煤量 520 吨，续航力 6000 海里 /10 节，穹甲甲板倾斜处厚 3 英寸，平坦处厚 2 英寸，司令塔装甲厚 3 英寸，火炮炮盾厚 2 英寸。

这一系列眼花缭乱的参数对一般人来讲，可能略显枯燥，而且不明白意味着什么，但对“致远”号管带邓世昌来说，却像对自己的手掌一样熟悉：“致远”舰 18.5 节的航速在北洋水师中是最快的，仅有“靖远”舰能与之并列，所以，它能够发挥速度优势，快速驶向保护主力舰最有利的位置，但是面临的危险也是不言而喻的，因为“致远”舰装甲较薄，远不能和“定远”相比，这就意味着敌人炮火袭来的时候，“致远”可能严重受伤，甚至可能沉没大海！

为国捐躯

但是，为了保护旗舰“定远”，为了保全大局、夺取可能的胜利，邓世昌没有犹豫，他毅然指挥战舰冲了出来！在“定远”舰右侧，由林泰曾、杨用霖指挥的“镇远”舰也挺身而出，与“致远”舰并力抗击日军，共同护卫旗舰。由于“镇远”舰速度稍慢，所以，还是“致远”舰冲在了最前面，一边疾驶一面猛烈发炮。日本军舰此时更加逼近，“定远”舰上的大火还在熊熊燃烧，敌舰妄图再次猛烈轰击的时候，突然看到“致远”舰乘风破浪，疾驶而来，很快就冲到了“定远”的前方。日本军舰不得不暂时放弃了“定远”，把瞄准器转向“致远”，展开猛烈轰击，装甲单薄的“致远”舰好像陷入了狂风暴雨之中……

为了保护“定远”，“致远”付出了巨大的代价。“致远”舰遭受了敌人炮火的重创，舰体被打出了多处伤口，尤为致命的是，其中一些伤口在水线附近，随着船体行进在海面上，不断上下颠簸，海水开始大量地涌入舰内，很快，穹甲甲板的斜坡与船壳板相交构成的“V”字形水槽里积满了海水，“致远”舰官兵眼见情况不妙，抓紧时间利用排水工具排水，但无情的海水还在不断涌入，排水工作没有取得明显效果，“致远”的舰体慢慢倾斜，此时已经出现了将近30度的右倾，这对任何一艘舰船来说，面临的都是即将沉没的危险。

面对危局，邓世昌也面临着自己的生死抉择，他没有选择隐忍偷生，没有忘记自己的铮铮誓言：“人谁不死，但愿死得其所耳！”他作出了一个令整个战场都极为震惊的决断，对身边的官兵说：“倭船专恃‘吉野’，苟沉是船，则我军可以集事！”邓世昌率全舰官兵一起下定决心，驾舰冲向正在自己左舷外驶过的日本第一游击队，搅乱敌人的阵形，撞沉敌舰！

虽然是在仓促之中作出的决定，但邓世昌绝非莽撞无谋的将领。在海军战争史上，撞击是一种古老的海战术，希腊与波斯进行萨拉米斯海战（公元前 480 年）时，希腊联军只有战舰 400 艘，波斯却拥有 1200 余艘，希腊充分利用狭窄的海湾，发挥船小灵活的优势，以接舷战和撞击战反复进行突击，最终重创波斯舰队。铁甲舰问世以后，很快就和撞击战术密切联系起来，美国南北战争期间，南军“弗吉尼亚”号铁甲舰袭击联邦舰队，用舰首的撞角撞沉了“坎伯兰”号三桅风帆护卫舰，这是铁甲舰时代的第一次撞击战例，证明撞击在这个时代仍然可以克敌制胜。稍晚，在 1866 年的利萨海战中，奥匈帝国海军与意大利海军展开激战，奥匈帝国旗舰“斐迪南·马克斯大公”号采用了撞击战术，导致“意大利国王”号连同 400 名舰员一起沉没，很大程度上决定了最终的结局。

为了更好地进行撞击，1882 年 9 月，英国还制造出了不同寻常的战舰“独眼巨人波吕斐摩斯”号，该舰满载排水量为 2640 吨，航速 18 节，这在当时是非常快的战舰，该舰舰首有一个厚重的管状成型撞角，撞角中空部分正是一具鱼雷发射管，可以发射鱼雷进行攻击，同时装甲舰在惯性的作用下也会撞向敌舰。美国海军对英国的这一设计很感兴趣，也加以效仿，美国海军第一艘专用撞击舰于1893年2月4日在巴斯钢铁厂下水，后来命名为“卡塔丁”号，它的舰体很有特色，呈长条雪茄形，除去上层建筑的话很像现代的潜艇。不过，英美这两艘撞击舰没有得到机会参与实战，所以无法知道威力到底如何。可以说，距离甲午战争最近的撞击取胜的战例，就是利萨海战，可能这也正是邓世昌效仿的对象。不幸的是，利萨海战也是最后一次通过撞击敌人旗舰夺取胜利的战例，邓世昌在当时却不可能知道这一点。

邓世昌在“致远”舰已经受伤的情况下，决定撞向敌舰，全舰官兵早已经将生死置之度外！开始紧张有序地完成最后的工作，奋力添加煤炭，增强前进的动力，使军舰的航速达到最快，大副陈金揆端坐在驾驶室中，双手稳稳地把着舵盘，眼睛紧紧地盯住前方，弹痕累累的“致远”舰已经全速飞驰起来，在波涛汹涌的黄海海面上，劈波斩浪，一往无前，像一头受伤的猛兽，迎着硝烟弹雨，毫无畏惧地冲向日本联合舰队……

邓世昌神情坚毅地屹立在飞桥甲板之上，敌舰发射的炮弹不时从身边呼啸而过，他面无惧色，“吾辈从军卫国，早置生死于度外，今日之事，有死而已！”他的豪言壮语激励着每一位“致远”舰将士，每个人心中熊熊燃烧着对日军的怒火，身体中的热血不断奔腾！全舰将士同仇敌忾，视死如归，在海面上高速行进，扑向了敌人的阵营！

“致远”号最开始冲出来保护“定远”号的时候，日本第一游击队立刻调整目标，猛烈发炮进行轰击，当看到“致远”舰已然受伤的时候，日军非常高兴，只要击退或者击沉“致远”舰，他们就可以继续轰击“定远”，实现击沉“定远”的战略意图。出乎意料的是，“致远”舰虽然伤痕累累，而且船体发生倾斜，但并没有退出战场的迹象，竟然从对面疾驶而来，他们才猛然意识到，“致远”舰官兵已然把生死置之度外，要采用背水一战的撞击战术！这让日军惊出一身冷汗，“致远”一旦撞击成功，战场的形势可能发生根本性的变化——日军将领同样熟知利萨海战这一经典战例！

因为日舰为纵队排列，战舰在海上转向也需要很大的半径，短时间内无法做到，日本第一游击队的军舰已经无法躲避，面对猛扑过来的“致远”舰，日本第一游击队只能疯狂地密集轰击，期望能够予以击沉。邓世昌昂首屹立在飞桥甲板上，“致远”舰还在高度奔驶，日舰发射的一颗颗炮弹密集飞来，不时砸入海面，激起无数的浪花，数发击中“致远”舰的炮弹已经引发了熊熊烈火，疾驶中的“致远”如同受伤的火龙奔驰于海面，让人胆战心寒！日本海军一面心中突突乱跳，一面继续疯狂轰击……

突然之间，高速行进中的“致远”舰的舷侧发出一声巨响，船身随后猛然剧烈震动起来，船底已经严重炸裂，可能是“致远”舰的鱼雷被炮弹击中，不幸发生爆炸，也可能是炮弹击中了“致远”舰的锅炉，随后引发了激烈爆炸。不管怎样，无情的海水滚滚而入，“致远”舰已经严重进水，右舷倾斜得非常厉害，即便这样，“致远”舰还在奋力疾驶，冲向敌方的方向，其左舷螺旋桨一半已经到了水面之上，但还在高速旋转，“致远”舰仍在继续航行，扑向敌人，可是速度却越来越慢……

“镇远”舰上的洋员马吉芬亲眼目击了这悲壮的一幕：“‘致远’号英勇地，甚至可以说有些鲁莽地向第一游击队的阵列冲去，大约是想攻击上述的两艘军舰。当时到底发生了什么已经无人能确知，但显然它被 1 枚重炮弹——大约 10 英寸或 13 英寸命中了水线。总之不管怎样，它开始严重倾斜，显然是受到了重创。该舰的管带是最为英勇甚至有时有些顽固的邓世昌，他下决心与敌人同归于尽，于是向敌人最大的一艘军舰冲锋，准备实行撞击。一阵重炮和机关炮弹的弹幕扫过他的军舰，倾斜更加严重了，就在即将撞上敌舰之际，他的船倾覆了，军舰从舰首开始下沉，舰体随着沉没逐渐右倾，而它的螺旋桨还在空中转动……”

“致远”舰在疾驶向敌舰的过程中不幸沉没，舰上的官兵落在了海水之中，邓世昌也漂浮在海面上，侍从刘忠看到之后，带着救生圈奋力游了过

来，想让他抓住，但邓世昌决心以身殉国，“我立志杀敌报国，今死于海，义也，何求生为！”坚决地推开了。随后，看到“致远”舰已经沉没，“左一”号鱼雷艇赶了过来搭救落水的官兵，邓世昌还是没有回应，抱着军舰已沉、绝不偷生的决心，向水下沉去！

邓世昌平日喜欢动物，在军舰上豢养着爱犬“太阳”，这可能也是受到西方海军的影响。西方各国军舰常常饲养着各种宠物，狗、猴子、牛、熊甚至是长颈鹿，养宠物可以缓解海上生活的无趣，对船员有抚慰的作用，所以各国并没有禁止，日本的军舰上也是如此，“松岛”号上饲养的宠物竟然是黄牛，在北洋海军重创“松岛”之时，这头黄牛也随之一命呜呼。邓世昌的爱犬“太阳”非常健壮而机灵，和主人的感情非常深厚，看到邓世昌处于危难之中，快速地游过来救助，先是咬住胳膊，使他不能沉没下去，邓世昌殉国之心已决，所以想赶走爱犬，就向“太阳”挥拳驱赶，“太阳”转身游去，随后又游转回来，咬住了邓世昌的发辫……邓世昌知道，爱犬不忍舍自己而去，不由得热泪纵横，毅然按下它的头，追随着自己最心爱的“致远”舰，一起沉入了大海……

在时针指向1894年9月17日15时30分时，邓世昌履行了“人谁不死，但愿死得其所耳！”的誓言，追随自己深爱的“致远”舰，永远沉没于碧波万顷的黄海之中！这一天，中国传统的农历为八月十八，恰好是他46岁的生日！

08 名垂青史

极尽哀荣

黄海大战进行的时候，战场就在大鹿岛附近的海域，震耳欲聋的炮声传出去很远，惊动了在这里居住的百姓，有人远远观看了激战的场景，大鹿岛上的老人李放先曾回忆道:“当年我爷爷李玉仁才 10 多岁，亲眼看见海战打起来的。海战一直打到傍晚，挂日本旗的先跑了。”也有人回忆起以前听别的老人说过的话:“开战当天，整个大鹿岛都弥漫在硝烟中，炮声震得大鹿岛都在颤抖。”黄海大战的惨烈可见一斑。

在大战之后，淳朴的老百姓竭尽所能帮助北洋水师的官兵，当受伤的舰只靠近大鹿岛时，岛上的渔民赶紧给将士们送去了食物和淡水，有人还驾着小船自发出海，去打捞壮烈牺牲的官兵。根据后来的记述，当时港口里漂来了一些穿着北洋水师军服的官兵遗体，善良的百姓将这些遗骸埋葬在了大鹿岛，当时亲历者说，一共安葬了 13 具烈士遗体，这也就是如今大鹿岛上著名的“甲午海战无名将士墓”。

邓世昌在大战之中英勇殉国，这一消息更是给人们极大震撼，老百姓扼腕叹息，为他的爱国情怀所深深感动，痛恨李鸿章的保守与卖国，流传起了“通商卖国李鸿章，战死沙场邓世昌”的歌谣，朴素地表达了对英雄的崇敬，这种崇敬长期流传，在今天的大鹿岛上还建造了邓世昌墓，而且这座墓还有一个不同寻常的来历：在 1937 年与 1938 年，日本侵略者曾经两次窜入大鹿岛海域，拆卸北洋水师沉没的军舰，当地渔民李桂斌遭受胁迫，被动地参与了这一事件，根据他在 2009 年的讲述，“邓世昌”的遗体当时被打捞了上来。

当时日本人的目的是拆卸军舰上的钢材，所以需要潜水作业，胁迫了中国渔民王绪年与日本潜水员一起作业，李桂斌只是辅助。有一天，王绪年在拆卸“致远”舰的时候，猛然发现舱椅上端坐着一具骨架，身穿着北洋水师的官服，由于日本人用爆炸拆卸的方式，导致舱门被震开，遗骨也被震散。第二天，王绪年就遭到了报应，浑身疼痛难忍，他对李桂斌说：“这副遗骨恐怕就是邓大人，我每天给日本鬼子效力，搅得邓大人不得安宁，邓大人肯定是怪罪我了，等病好了以后，一定要把老人家请上来，好好地安葬。”过了几天，王绪年的病情有所好转，他带了一个口袋潜到水下，将“邓世昌”的遗骸偷偷背了上来。后来，王绪年与李桂斌等人将遗骸安葬，老百姓认定官服的官衔是管带，所以认为埋葬的就是“邓世昌”。

老百姓对邓世昌的崇敬发自内心，这一点毫无疑问，但邓世昌是沉海牺牲，身旁还有爱犬“太阳”，所以不可能端坐在舰舱之中，有人推测，王绪年打捞上来的遗骸可能是林永升。其实，无论打捞上来的是哪位北洋将士的遗骸，在大鹿岛的百姓心中，他就是“邓世昌”！这或许并不符合历史的事实，但却是感情的真实，普通百姓深深为邓世昌的英勇事迹所感染，他永远受到人们无上的崇敬，而且，他已经不再是具体的个人，而是为国捐躯的北洋将士的代表。可以说，所有遇难的北洋将士都是浴血奋战的中国海军的典型，是精忠报国舍生取义的典范，是抗击侵略捍卫国家的英雄！真实的邓世昌只有一个，但在老百姓心中，那些为国捐躯的北洋官兵都是“邓世昌”，他们用血肉铸成的丰碑永存于百姓的内心深处！

邓世昌不仅受到大鹿岛百姓的敬仰，在威海百姓心目中也是如此。威海的刘公岛曾是北洋海军基地，同时也是北洋水师衙门所在地。甲午战争后不久，就有百姓在山东半岛最东端成山头的始皇庙中修建了邓公祠——成山头位于山东半岛伸向海里的最尖端部分，祠中祭祀着邓世昌木主像一尊，大致情形为：木主像端坐在椅子上，白脸，披黑斗篷，外穿青衣，内着红袍，帽顶单眼花翎，手持念珠，踩狮子狗，其左右有泥塑侍兵护守；西墙上方挂有邓世昌一尺二寸的照片两张。当年成山头始皇庙的庙会规模盛大、远近闻名，邓世昌木刻像可以抬出去游行，他在当地人们的心目中已经成了神灵，这是普通百姓对英烈最真诚的信仰与最朴素的祭奠。

邓世昌木主像其实大有来历，当地百姓传说是从北京请来、要送到刘公岛上的，但甲午战败之后，刘公岛被日军侵占 3 年，邓世昌的木主像就只好暂存在成山头始皇庙的西间里，后来，刘公岛又随威海被英国人长期租借，导致木主像未能进入刘公岛上的海军公所。非常不幸的是，邓世昌木主像在 20 世纪 50 年代被毁，现在的邓公祠原为始皇庙的东厢房，1986 年东厢房被拆除，当地政府又于 1992 年进行了重建，其中供奉着 3 位北洋海军管带：中间为邓世昌，西侧是林永升，东侧为萨镇冰。

邓世昌不仅受到民间百姓的敬仰，而且得到了清政府的大力表彰。黄海大战之后，邓世昌殉国的消息传至朝廷，光绪帝对邓世昌的英雄壮举给以嘉许，挥笔写下挽联："此日漫挥天下泪，有公足壮海军威！"赐谥号"壮节公"，追封"太子少保"，入祀京师昭公祠。不仅如此，还亲笔撰写了祭文、碑文，赞誉他“伏波横海，具折冲千里之威；劲草疾风，标烈士百年之节”，称赞他技艺高超，“楼船风驶，仰汉将之如飞”，意思是说，他指挥的致远舰如同疾风飞驰于大洋之上，让人回想起汉代飞将军李广的风采，对他沉海殉国的壮节，光绪皇帝写道：“沉沧海而不悔，矢舍命以全忠。”意思是说，在“致远”舰奋勇作战，不幸沉没之后，邓世昌甘愿沉海赴义，毫不后悔，舍弃性命为的是忠义之气节。

家风永续

邓世昌殉国之时，他的母亲尚在人世，为了表彰邓世昌为国尽忠的英雄气节，抚慰其母亲内心的悲痛，朝廷赐给邓母一块大匾，对其教子有方、为国育才给以嘉许，因为该匾后来失传，根据邓家后人的记忆，似乎是“教子有方”，但根据资料记载，这块匾含有褒奖教子有方之义，但实际内容并非如此，而是“教忠资训”。因为邓母后来在上海去世后，朝廷赐以殊荣，葬礼非常隆重，《申报》对此给予报道，而且还提到了这块匾的内容，“有往观者见祠中高悬御赐郭氏教忠资训匾额一方”，另外，当时祠堂内有两副对联，其中一副是“颁彝典而荐馨谥以壮节嘉名；拜国恩于诰命锡以教忠资训。”两相对照，证明目前流传的“教子有方”的说法有误，该匾的4个大字应为“教忠资训”。

邓母不仅被赐御匾，而且清廷为了料理邓世昌后事与安顿其家人的生活，还拨给邓家白银10万两，以示抚恤。后来，深明大义的邓母拿出很大一部分在邓家祠堂旧址上修建了“邓氏宗祠”，以作纪念。这位英雄母亲还尽可能地保留了邓世昌的遗物，根据后代回忆，有时老人家还拿出邓世昌留下的两个单筒望远镜、一枚上朝时佩戴的玉扳指，教育邓氏子孙后代，让他们继承邓世昌的遗志，勤勉向学、精忠报国。

邓家的子孙也没有辜负老人家的期望，很多后人身穿戎装，前仆后继地与日本侵略者展开了长期的战斗，尤其是1937年之后，日本悍然制造了卢沟桥事变，进一步扩大了对中国的侵略，邓氏家族的子孙深感国家危难，拍案而起，共赴国难，在广州的7位邓氏后人中有6人投笔从戎，其中邓权民、邓渭民、邓尧民、邓光民与邓婉红5人考上了黄埔军校，年纪最小的邓燊民不够年龄，未能报考，后来学习日文加入了抗日谍报组，在另一条隐秘的战线上为国效力。

英雄的中国人民不畏强暴、浴血奋战，终于与世界人民一起迎来了世界反法西斯战争的胜利，日本于1945年战败投降。此时，当年的热血青年邓权民已经成为第十二集团军教导团的干部，他在广西博罗参加了日军一个联队的受降仪式。举行受降仪式的那一天，在博罗县一块大空地上用竹木搭起了“受降台”，日军联队长率队捧着日本军刀，操着正步行到受降台前，行军礼之后解下配枪，双手送到团长手上，再分别向邓权民等8名团级干部呈上一把日本军刀，表示向中国放下武器投降。邓权民的心中无比激动，多年之后还记忆犹新，“那一刻，我回忆起50年前叔祖父世昌公壮志未酬，黄海殉国；50 年后我兄弟姐妹 6 人与全国人民一起彻底打败了日本帝国主义侵略者，家仇国恨都洗雪了，世昌公可以瞑目了！”邓世昌如果泉下有知，当深感安慰！

邓世昌在世时，娶有一妻一妾，共有三儿五女：长子邓浩洪，承袭世职，任职于广东水师，1947 年去世；次子邓浩洋，英年早逝；三子邓浩乾是遗腹子，曾在民国海军部供过职，1969 年逝于无锡，无子，领养一女邓孝思；邓世昌长女邓秀媛；次女邓秀婵，后来嫁给了邓世昌同窗挚友、南洋海军“超武”舰管带叶富的儿子为妻；三女邓秀娟；四女邓秀婷；五女邓秀海。他们都恪守邓世昌留下的“做人要正直、爱国、为民”的遗训，清清白白地做人。邓世昌的嫡孙邓小鹏，肄业于上海路矿学校，后来在汉冶萍煤铁厂矿公司任职，淞沪会战后，日本人控制了汉冶萍公司，邓小鹏愤而辞职，直到抗战胜利前，只是靠变卖祖上家产艰难度日。

时至今日，邓世昌的直系后裔只剩下年逾八旬的曾孙女邓立英一人，1954 年，她从东北财经学院企业管理系毕业，主动要求到当时条件艰苦的包头钢铁公司，一干就是17年，1971年，她和丈夫一起调入了河北宣化冶金环保设备制造厂，仍然从事计划统计工作，1987年年底退休。此后担任了张家口市宣化区六至八届政协副主席，为祖国统一与民族团结做了大量工作。邓立英也曾经多次参加甲午战争相关纪念活动。1992年9月，她再次受邀登上了刘公岛，感慨万千：“作为邓氏后裔，我是第一个到刘公岛的人。我眺望着茫茫大海遥祭我的曾祖，真是感慨万分！当我要离开刘公岛时，我和我的女儿含泪向曾祖殉国的大海三鞠躬，凭吊先祖英灵，然后捧起一把沙土，放在洁白的手帕上，带回我家，作为珍贵的永久纪念。”

“致远”再现

新中国成立之后，党和国家没有忘记邓世昌为代表的甲午英雄。1985年3月21日，中国甲午战争博物馆建成，馆址设在威海刘公岛，时任国家主席江泽民题写了馆名。在这座现代化博物馆中，传统陈列形式与现代科技巧妙地融为一体，通过文物、图片、蜡像、沙盘、模型、影视等，生动再现了当年北洋水师的历史原貌，呈现了甲午战争的宏大场面，在身临其境的历史场景中，让观众深深地为悲壮的历史所震撼！

非常遗憾的是，中国甲午战争博物馆目前的镇馆之宝是“济远”舰前双主炮，方伯谦在海战中畏战怯战，最终因为临阵逃脱被处决，他指挥的“济远”也因此背负恶名。更加不幸的是，“济远”后来为日军所俘获，最终在日俄战争时触雷沉没。1986 年 8 月，“济远”舰前双主炮被打捞了出来，几经辗转，最终成为甲午战争博物馆中的重要文物。

100 多年来，邓世昌作为甲午英雄，他伟岸的形象并没有随着时间的流逝而磨灭，“致远”舰冲向敌军的那一幕时刻激励着每一位奋进的国人！人们怀念英雄、崇敬英雄，人们也渴望亲眼目睹“致远”舰的风采，各界人士从来没有停止寻找沉舰的步伐，经过不懈努力，终于迎来了重大突破！

2014 年 9 月，水下考古队员在辽宁丹东海域发现了木板、铁板、煤块等大量物品，经过初步探测，沉船所处深度在 18 米至 23 米之间，由于覆盖着大量淤泥，只能看到零星的铁甲边缘和碎片，另外还在水下发现了一门铁炮。经过初步研究，这艘沉船并非普通船只，根据它的长宽比设计以及所发现的武器来看，这很可能是一艘战舰。因为无法具体确定，所以被暂时定名为“丹东一号”。

“丹东一号”的身份究竟如何，一时引发社会各界广泛关注。为了确认沉船的身份，“丹东一号”沉船水下考古调查项目于 2015 年启动第四次大规模调查，终于基本弄清了舰体结构，在舰体两侧均发现了“致远”舰所采用的方形舷窗，更关键的是，还先后发现 3 个带“致远”篆书的瓷盘。综合各种证据，考古专家确认“丹东一号”就是“致远”舰！这一成果意义十分重大，成功入选“2015 年中国十大考古新发现”。

为了满足民众瞻仰“致远”舰文物的迫切心愿，2017 年 5 月 31 日，“寻找‘致远’舰——

2015 年度全国十大考古新发现”特展在北京大学赛克勒考古与艺术博物馆开幕，人们终于能够亲眼目睹“致远”舰所遗留的文物，“致远”舰徽白瓷盘、加特林机枪、邓世昌私印“云中白鹤”、“致远”舰大副陈金揆使用过的单筒望远镜等珍贵文物，一一呈现在参观者的面前。睹物思人，很多参观者落下了热泪！在展厅的屏幕中还播放着甲午战争的视频，硝烟弥漫的战争穿越百年的时光，又展现了世人面前，隆隆炮声中，邓世昌指挥着“致远”舰冲向敌人……每一位参观者无不为这悲壮的一幕所震撼！

自从“丹东一号”被确认为“致远”舰之后，社会各界都热切期盼能够早日打捞出水，让这艘英雄的战舰重见天日，但考古专家的态度非常谨慎，他们表示，打捞是远期目标，下一步要做的就是探得更深：其一，继续对沉船进行摸底；其二，深入分析已出水的遗物；其三，形成科学的保护方案。“致远”舰在水下已经沉没了一个多世纪，中国人对它的情感并未消散，而是时时凝结在心头，没有一刻曾经忘记，但急切的心情可以理解，科学的态度不能缺失，为了更好地保护“致远”舰，考古专家正在不懈努力，我们都愿意等待！

但是，“致远”舰或许可以重现，那些壮烈殉国的勇士却长眠在了波涛之中，邓世昌成为了人人皆知的英烈，其实他并不是一个人，还有更多的无名英雄，他们却从来不曾在历史上发声，我们崇敬邓世昌壮烈殉国的英雄壮举，更不要忘记那些热血沸腾的士兵，他们一样拥有为国赴难的无上勇气，可能并不是每一个人都能成为邓世昌，但你一定可以成为“国家兴亡，匹夫有责”的平凡英雄！

2014 年 8 月，海军和军事科学院联合举办纪念甲午战争 120 周年学术讨论会，在停泊于威海海面上的人民海军 88 舰上举行。海军和军事科学院、原沈阳军区、原济南军区的领导以及北海舰队、东海舰队、南海舰队首长和学术界人士出席。开幕式后，在 88 舰飞行甲板上举行了人民海军祭奠为国捐躯的甲午海战阵亡先烈的仪式，海军官兵代表宣誓，鸣礼炮 19 响，表达了中国人民海军对甲午海战阵亡先烈的致敬之意。这是甲午海战 120 年之后人民海军对甲午海战阵亡先烈最高的、最严肃的悼念。

今天回顾邓世昌先烈为国捐躯的事迹，我们可以告诉冥冥之中的邓管带，强大的人民海军正在建立，我国海军舰队已经驶向蓝海，航迹遍及各大洋，成为捍卫国家海防、捍卫国家核心利益的重要军事力量。甲午海战先烈可以瞑目了！

图书在版编目（CIP）数据

邓世昌 / 张海鹏主编；贾国静编著. --北京：学习出版社，2019.5
（中华先烈人物故事汇）
ISBN 978-7-5147-0907-0

Ⅰ.①邓…　Ⅱ.①张…　②贾…　Ⅲ.①邓世昌（1849-1894）—传记　Ⅳ.①K825.2

中国版本图书馆CIP数据核字（2019）第091130号

邓世昌

Dèng Shìchāng

主编/张海鹏　副主编/赵兴胜　编著/贾国静

责任编辑：苏嘉靖　　封面绘画：杨　越
技术编辑：周媛卿　聂夏菲　　内文插图：杨　越
美术编辑：杨　洪　　组织绘图：无锡慎徽公司

出版发行：学习出版社
北京市东城区崇外大街11号新成文化大厦B座11层（100062）
010-66063020　010-66061634　010-66061646
网　　址：http://www.xuexiph.cn
经　　销：新华书店
印　　刷：北京盛通印刷股份有限公司

开　　本：787毫米×1092毫米　1/32
印　　张：4.5
字　　数：63千字
版次印次：2019年5月第1版　2019年5月第1次印刷

书　　号：ISBN 978-7-5147-0907-0
定　　价：18.00元